本书系2022年四川省哲学社会科学基金青年项目"四川少数民族地区网络主播助力乡村振兴影响力评估与提升机制研究"（SC22077）研究成果；2022年四川省多元文化研究中心一般项目"移动短视频赋能凉山彝族非物质文化资本转化的'可见性'传播路径研究"（DYWH2214）研究成果；2022年四川省哲学社会科学重点研究基地——羌族研究中心项目"基于短视频媒介的羌族非遗文化呈现方式与传播路径研究"（2022QXYB009）研究成果

助力乡村振兴

四川民族地区网络主播影响力研究

朱婧雯　邓　静　著

中国国际广播出版社

图书在版编目（CIP）数据

助力乡村振兴：四川民族地区网络主播影响力研究 /
朱婧雯，邓静著. --北京：中国国际广播出版社，2024.8.
ISBN 978-7-5078-5654-5

Ⅰ. F327.71

中国国家版本馆CIP数据核字第2024Y0R844号

助力乡村振兴：四川民族地区网络主播影响力研究

著　　者	朱婧雯　邓　静
责任编辑	张博文　张娟平
校　　对	张　娜
版式设计	邢秀娟
封面设计	王广福

出版发行	中国国际广播出版社有限公司 ［010-89508207（传真）］
社　　址	北京市丰台区榴乡路88号石榴中心1号楼2001
	邮编：100079
印　　刷	北京汇瑞嘉合文化发展有限公司

开　　本	710×1000　1/16
字　　数	240千字
印　　张	15.75
版　　次	2024 年 12 月 北京第一版
印　　次	2024 年 12 月 第一次印刷
定　　价	68.00 元

自　序

　　短视频于我而言，是深深根植于中国乡土社会语境之中的。作为见证短视频参与乡村建设、培育新农人的网民之一，我感受并感叹于短视频在传播传统民俗文化、带动村民致富方面所发挥的重大作用。从关注第一位短视频博主李子柒开始，四川的乡村热土便成为一个极具魅力的对象。在越来越多元的乡村自媒体主播作品中，少数民族地区网络主播的短视频创作凭借其独特的人文自然风格，为公众呈现了更为丰富、更具特色的传统民俗文化。在他们的拍摄场景中，有雪山清流，有充满趣味的田园生活，一个个身世不同却充满个性活力的主播活跃于屏幕前，引来无数网民的观看、留言与互动。

　　乡村与短视频，原本因为"土味"而遭受批评、指责甚至嘲讽。虽然快手早在 2013 年起就将目光投向中国更具潜力的县域和农村市场，坚持了近十年的"下沉"战略，满足三线至五线城市用户的表达需求，凭借"每一个最普通的人都值得被记录"的产品理念，迅速占领了更为广泛的城镇县域和农村市场。但在 2016 年，仍旧有《残酷底层物语：一个视频软件的中国农村》的公众号文章，带着精英主义的眼光将乡村的短视频生产确立在城市现代审美的接纳范围之外。

　　随着 2017 年、2018 年中国行政村的宽带基础设施覆盖率及智能手机拥有率的大幅提升，短视频与乡村的结合越发呈现出新态势——除了诸如李子柒这样的头部网红被《人民日报》点名并蜚声海外，更多居于尾部的乡村主播，也在这一乡村短视频发展的东风中借势而崛起，四川民族地区网络主播由此走进大众的视野。如大小凉山地区的卢阿英，甘孜地区的刘洪、丁真和迷藏卓玛等，阿坝的阿娟和格满初等主播迅速成长，凭借其原生态的自然人文风光展示，以及自身质朴纯真的人设打造，重新诠释了"土味"视频的生态美和人文美的特色化审美风格。

短视频与乡村结合带来的变化，离不开国家脱贫攻坚政策与乡村振兴战略的引领性作用。随着 2021 年我国脱贫攻坚取得全面胜利，并成功实现向乡村振兴的政策导向的过渡、衔接，"短视频作为新农具，拍短视频作为新农活"的号召真正肯定了快手、抖音为代表的短视频平台，作为基础设施所发挥的县域和乡村地区振兴发展的关键作用。随着"乡村守护人"等一系列短视频＋精准扶持举措的实施，四川民族地区的头部网络主播被培育成为"乡贤"，在进一步带动地方产业建设、提升村民经济收入、实现共同富裕方面发挥正能量作用。建设品牌民宿、宣传地方旅游、带动农特产品销售……借助短视频平台的力量，四川民族地区的网络主播，正奋力书写乡村振兴的美好篇章。

他们有着怎样的创作条件？他们为何而创作？短视频如何改变他们的生活？他们未来如何打算？……我在关注这群活跃于短视频平台的四川民族网络主播的同时，越发感受到新兴媒介技术在变革社会生态方面深刻而又显著的作用。自从人民网于 2020 年提出"短视频作为新农具，拍短视频作为新农活"的理念后，短视频在助力主播孵化达成乡村农产品销售、文旅推广方面的积极作用越发凸显。越来越多的少数民族网络主播加入短视频创作大军，他们与短视频之间的交互实践，既是对国家精准脱贫和乡村振兴政策的响应，又提供了媒介介入社会生态的观测样本。

距离我 2018 年第一次在抖音关注"悬崖飞人 拉博"至今，六年间，依托快手、抖音和视频号为田野的在线民族志观察收集了近百名四川民族地区网络主播的相关数据，其中不乏诸如"理塘丁真""甘孜文旅刘洪""嘉绒姐姐阿娟"等拥有百万＋粉丝基础的少数民族头部主播，也有诸如"马良与甜真""姐姐合唱团"等粉丝基础有限但增长潜力巨大的尾部主播。为了深入了解少数民族主播的短视频事业，我对"茂县格满初藏羌土特产店""西羌姐妹""凉山葡萄妹"等十余位主播进行了深度访谈，收集了大量四川民族地区网络主播的创作与社交数据。随着短视频基础设施化的发展，少数民族地区行政管理部门主动介入短视频内容创作，积极培育孵化正能量主播的举措也为民族地区乡村振兴和文化繁荣发展提供助益。因此，我走访了凉山州委宣传部，参与了凉山州委宣传部网信办举办的短视频培训，以尽可能了解四川民族地区网络主播助力乡村振兴的全貌。

在此，我要特别感谢凉山州委宣传部网信办宋明主任、凉山州广播电视台沙马主任、凉山州委宣传部程曦科长，他们为我的调研提供了极大的支持和帮助；感谢"凉山拖鞋妹""甲古阿支""茂县格满初藏羌土特产店"等主播坦诚地接受我的采访，面对我的提问毫无保留，为我的调研写作提供了宝贵的一手数据。我们因为短视频而相识，也都因为短视频而拥有了更为丰富的经历与体验。

时至今日此刻，短视频对四川民族地区的影响和改造仍在继续，我短暂的观察和思考只是这一场深刻的媒介——社会革命的一个阶段性注脚，也许可为此后短视频推动乡村振兴的宏伟进程提供一点历史性的参照数据。书虽写就，但观察远未停止，源自对家乡以及家乡人的情感，驱使着我将自己扎根于他们在短视频平台所建立的新兴图景之中，为他们的变化和成长而欣喜，也为他们暂时的错误而惋惜，但我始终坚信，短视频所开启的乡村巨变才刚刚拉开序幕。他们的实践将进一步丰富我基于发展传播和媒介社会的结构思考；他们借助于新兴技术媒介所开启的新生活，将不断更新中国式现代化乡村振兴的示范案例。

朱婧雯

2024 年 6 月 17 日写于成都

摘　要

　　本书以四川民族地区网络主播为研究对象，在"后脱贫时代"的国家政策语境下，借助在线民族志研究方法，聚焦于四川甘孜、阿坝、凉山三州地区的近百个短视频账号，在一定时间周期内，通过在线观察和深度访谈，围绕主播自我建构、内容创作、交互文本等方面的数据收集，探究以短视频为代表的新兴媒介技术如何通过网络主播的自我数字劳动实践，影响地方人文环境和经济产业发展，以及促进共同富裕等中国式现代乡村振兴愿景的实现。本书拟在现有中国本土发展传播学的研究基础上，形成以助推乡村振兴为导向的四川民族地区网络主播影响力评估机制和科学的评价指标体系，并对照提供优化和培育少数民族网络主播传承民俗文化、弘扬民族精神和振兴民族村寨产业体系的决策参考。

　　全书共分六章，第一章为"四川民族地区网络主播结构化特征"。本章主要采用虚拟民族志和在线民族志调查方法，通过借助网络平台搜索获取四川民族地区网络主播的账号，并对账号内容进行在线细读，初步建立四川民族地区网络主播群体的数字画像。围绕性别、年龄、主题类型、地域分布、粉丝规模、媒介使用时长等变量展开线上和线下调研，建立四川民族地区网络主播群体媒介参与情境与效果的结构化特征。

　　第二章为"乡村振兴与四川民族地区网络主播信息生产交互关系分析"。主要通过植入国家乡村振兴的政策措施与四川民族地区网络直播媒介实践之间的互动关系，思考在发展传播理论背景中国家—个人二元关系如何在社会化媒体的数字劳动交互实践下构成社会变革发展的影响，通过评估其内在的矛盾风险及转化，考察社会化媒体国家主流话语与个体自媒体话语之间的价值平衡与交融。具体围绕三方面展开：国家—个体二元关系模式下四川民族地区网络主播的数字劳动、乡村振兴国家主流话语与四川民族网络主播表达之间的矛盾风险、乡村振兴嵌入四川民族地区网络主播内容的价值逻辑。

第三章为"乡村振兴背景下四川民族地区网络主播的媒体互动实践"。通过对抽样对象的进一步民族志探查，借助深度访谈和参与式观察等方法，对具有代表意义的少数民族网络主播围绕带货、文化传承等乡村振兴内容的媒介互动实践程序、内容与关系建构等方面进行深描，进一步分析主播自我呈现与乡村图景之间的关系建构、产业链生成、网络主播媒介——社会资本转化的关系维护等媒体交互实践成效。

第四章为"四川民族地区网络主播助力乡村振兴的影响力评估框架"。本章主要将四川民族地区网络主播影响力评估还原为基于社会网络的深度协作型学习（认知）过程，依据前期四川民族地区网络主播的媒介互动实践、平台技术感知、国家话语三个语境下的参与式协作过程的田野数据进行编码，运用社会网络分析（Social Network Analysis）和认知网络分析（Epistemic Network Analysis）互补结合的社会认知网络特征（Social Epistemic Network Signature,SNA）分析其社会网络互动中从个体到群体的协作式认知影响。以此为依据，形成用于少数民族网络主播在促成产业转型、收入提升、文化推广等多个乡村振兴差异化维度的影响力评估框架。

第五章为"'后流量'时代四川民族地区网络主播助力乡村振兴影响力悖论"。本部分主要探讨在短视频流量竞争从"增量"转变为"存量"的时代背景下，少数民族网络主播如何在新的技术平台生存环境下，寻求影响力的常态化增长。尤其在面临以四川为代表的新晋少数民族网络主播与传统少数民族网络主播之间面临粉丝存量竞争关系的不利因素下，如何通过内容转型、差异化发展、产业链优化等策略达成少数民族网络主播群体的协同发展，在"后流量"时代继续发挥乡村振兴的切实成效。

最后一章为"四川民族地区网络主播助力乡村振兴影响力提升机制"。主要根据前期的调研基础及其所建立的、在不同变量条件下，四川民族地区网络主播影响力评估指标体系，针对当前四川民族地区网络主播整体格局、内容导向、平台引导等方面存在的风险与不足，从人力资源培育、产业平台建设、媒介—社会资本转化三方面提供四川民族地区网络主播影响力提升和优化的可行机制。

全书除绪论和结语外，按照"背景梳理（第一章）——现状分析（第二章）——影响力评估（第三章和第四章）——风险问题（第五章）——提升对策（第六章）"的逻辑思路，以求在回溯 2018 年以来短视频赋能四川民族地区网络主播助力乡村振兴的发展历程之外，聚焦四川民族地区网络主播助力乡村振兴的具体影响因素及其评估机制，在对四川为代表的少数民族网络主播助力乡村振兴的影响力进行客观评估和风险判断的基础上，提供较为科学可普及的影响力提升方案。

目 录
CONTENTS

第三章　乡村振兴背景下四川民族地区网络主播的媒体互动实践

第四章　四川民族地区网络主播助力乡村振兴的影响力评估框架

第五章　"后流量"时代四川民族地区网络主播助力乡村振兴影响力悖论

第六章　四川民族地区网络主播助力乡村振兴影响力提升机制

结　语

附　录

参考文献

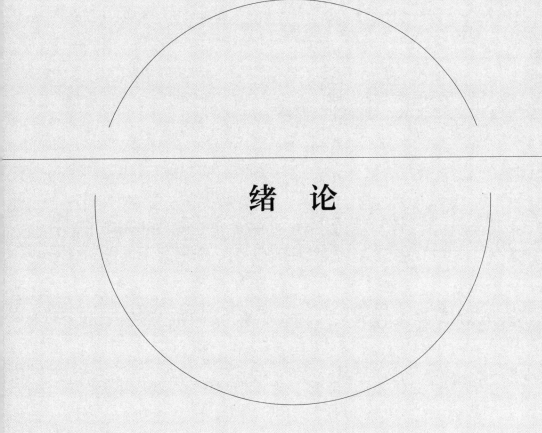

绪　论

伴随媒介技术发展而来的大量公众凭借移动自媒体赋权而获得的流量赋能，为乡村传播包括以村寨为主要形态的少数民族地区提供了凭借自媒体内容生产获取社会资本的话语权力。在全党全国各族人民的共同努力下，我国已于 2021 年实现全面脱贫。但在脱贫攻坚成果尚需巩固、部分乡村和少数民族欠发达地区仍旧存在返贫危机的"后脱贫时代"，四川民族地区网络主播借助"直播 + 短视频"带货在推动地方产业发展和乡村振兴方面的效果如何？如何以更加契合"后脱贫时代"话语背景、兼顾发挥民族地区网络主播媒介交互实践的发展传播影响力评估框架，提升并优化川西南羌、藏、彝网络主播利用社会化媒体交互实践推动引领地方人文、经济和社会发展成为新时代进一步推进乡村振兴、巩固拓展脱贫攻坚成果、助力实现共同富裕的要义之一。

（一）国内外相关研究的叙述史梳理及研究动态

1. 传播学科体系下"发展传播学"的理论范式和延展脉络

发展传播学的理论范式和延展脉络提供了回归人本主义和注重过程与关系推动社会变革的范式逻辑，并以多元的本土乡村传播研究视角进一步拓展质性和阐释性研究的方法路径。

发展传播学最早可追溯至 1947 年冷战期间（Spraks，2009；Shah，2011），丹尼尔·勒纳（Daniel Lerner）出版的《传统社会的消逝——中东的现代化》（1958）一书，标志着发展传播学诞生。同时，在施拉姆和罗杰斯等学者的最初开拓下，形成现代性范式和创新—扩散的理论框架。

20 世纪 60 年代以来，对发展传播学主导范式批判的新范式形成，从不同角度提供发展传播学的本土化发展范式：罗杰斯率先回应批判挑战，否认自上而下的范式，"把发展的内涵从技术的、过渡的、决定注意的维度转向平等的、'草根'参与的"，关注"弱势群体中的意见领袖"（Rogers，1976）；贝尔特兰则进一步批判拉斯韦尔、C. 香农和 W. 韦弗、麦克莱恩等人单向度影响受众行为的信息方式，将传播从信息和传递转向了过程和关系（Beltrán，1979）。

随着发展传播学线性模式遭到批判，哲学等人文社会科学领域的学者将现象学引入，强调发展传播发生的互动环境（Pasquali，1973），进一步消解受众作为信息接收者的传统观念，强调"对社会现实的集体理解是现实环境中人们在传播中达成"（Freire，1973），推动发展传播学研究方法向质化和阐释性的转向。此后，发展传播学走向了多元范式，转向"促进社会变革的传播"（Singh，2003；Singhal，2010），将"过程而非结果"视为主要任务（White，2003；Dagron，2001）、传播的组织价值以及在赋权过程中的参与式行动等。

20 世纪 80 年代以来，发展传播学作为中国传播研究本土化的重要切入点被引入国内学术界，但"拿来主义"的理论借用模式忽略了西方中心主义作为其基本价值取向的后殖民主义思维。进入 21 世纪，国内对发展传播学理论的讨论总体以综述成果（刘锐，2011），引介、评述国外理论进展（韩鸿，2012、2014）、关注新媒体与赋权（丁未，2009）和反思国内发展传播学困境（杨海涛，2004；胡翼青等，2013）为主。实证研究以教育部重大项目"中国发展传播学"（张国良，2001）为代表，强调传播作为一种赋权工具，推动社会变革的"对话"传播模式，并积极结合网络传播变革下"草根"群体借助微博、微信、短视频等自媒体达成颠覆传统自上而下传播流程的"去中心化"的传播变革，将发展传播学关注的焦点从技术、传媒进一步转向人民（Dagron，2009），通过"媒介赋权工作坊"提高目标对象的传播能力并追踪媒介赋权的影响（卜卫，2012；孙信茹等，2012；邱林川，2013；周裕琼，2018），强调以人民群众参与的短视频等自媒体传播，达成的"再中心化"传播模式（毛伟，2020）。对于"中国式"发展的理解，需要兼顾国家（或地区）和个人两个方面（吕炜等，2008）；个人层面的发展除了自身品德，是否拥有较高的"社会资源"即"关系"也至关重要（郭建斌等，2021）。

2. 少数民族新闻传播研究中的发展主义范式和应用研究向度

少数民族新闻传播研究中的发展主义范式和应用研究向度展现了少数民族"发展主义"研究中逐渐聚焦新兴媒介技术变革对民族地区文化、经济、政治的传播力和引导力。

作为应用研究的少数民族发展主义范式，探讨的是不同类别的媒体与信息传播实践如何促进民族地区人、组织和机构整体性的变革、发展乃至超越的问题。至今形成了媒介使用及其效果、媒介与（民族）社会变迁、媒介与民族地区的日常生活及媒介素养等几类较为固定的研究领域。从研究的维度来看，"媒介—现代性—发展"的三维坐标涵盖了"媒介发展与现代性""媒介与发展的现代性"两类，它们均以实用主义为逻辑起点，在传播观上看重大众传媒对于民族地区整治现代化方面呈现出的工具属性。通过结合新媒体无远弗届的传播特性，较为深刻地探讨了诸如"新媒体与民族地区国家安全意识培育及防范"（南长森，2019）、"新媒体与民族地区的舆论引导"（李士艳，2019）、"新媒体文化与少数民族文化的'跨界域'融合"（李东等，2018）、"新媒体与民族文化的变迁与转型"（王阳等，2018）、"新媒体与民族地区日常生活的'互嵌'"（袁爱中等，2018）等研究议题之外，有一定比例的论文依旧沿用媒介中心主义的单一视角和内容分析的片面文本分析来阐释民族地区的媒介与社会结构变化之间的关系，相对忽视新媒体作为媒介化的物质性作用价值和新媒体的传播偏向与传播机制，导致研究结果难以扎根。

（二）本研究的学术价值和应用价值

1. 学术价值

（1）进一步拓展"超越发展传播学的乡村传播"（沙垚，2017）范式

延续北京、上海、云南等地区"媒介赋权"的调查，扎根四川民族地区参与式媒介使用与社会变革关系阐释。

（2）厘清传播效果研究从传媒机制（宏观）到技术中心主义（中观）再到个体中心主义（微观）的脉络轨迹

聚焦媒介化社会语境下技术—知觉的社会嵌入方式、关系网络施效机制，以个人中心主义的视角提供新兴媒介技术变革下乡村社会发展变革的主体感官变革与社会关系互动机制。

（3）聚焦我国少数民族网络主播助推社会发展影响力评估框架

将个人（少数民族网络主播）凭借媒介化的物质性作用所形成的社会关系影响，从宏观的社会结构转向更为具体的网络行动关系、脱贫意愿和贫困感知与意向性行动等微观的影响力评估框架阐释。

2. 应用价值

（1）为政府进一步巩固脱贫攻坚成果，提升乡村振兴的可持续性提供基于少数民族网络主播影响力为中心的"后脱贫"效果评估和优化决策

从培养主流媒体的网红发生者到PUGC网络主播的合作共赢等多渠道，依托媒介赋权达成乡村振兴的产业形态创新，提升舆论引导力。

（2）为相关部门制定川西南少数民族社会关系网络的精准帮扶和社会治理决策提供参考

通过深入的民族志调研揭示川西南彝族地区民众媒介使用情况以及社会关系和组织结构形态，通过考察媒介化进程下少数民族村寨社群内部网络主播的媒介交互实践和社会资本转化过程。

（3）优化四川民族地区网络主播在"后脱贫"语境下社会传播效果，提升以乡村振兴为目标的社会化媒体引导效应

围绕传承民俗文化、弘扬民族精神、带动产业发展等影响力评估量化指标，进一步规范和提升少数民族网络主播助推社会发展的影响力效果。

（三）本研究的重点、难点

1. 研究重点

（1）田野调研中对研究对象所处环境的嵌入程度与影响力感知的评估科学性之间关系的平衡。

（2）将社会关系网络、平台媒介技术赋权、国家话语环境三个抽象意义的概念在民族志调研中真正转化为具体可量化的观察并对其进行编码，提升理论扎根与情境贴合的可阐释性。

（3）人本中心主义取向下提升四川民族地区网络主播影响力与国家乡村振兴叙事之间存在的风险以及化解办法。

2. 研究难点

提高对四川民族地区网络主播媒介互动实践的民族志田野调查的文本数据与社会认知网络分析处理的衔接度和分析精准性。

通过更接近少数民族地区网络主播媒介互动实践并深入的民族志调研，确保嵌入过程对真实环境中四川民族地区网络主播对自我、线上和线下网络社会关系、地方经济发展等方面关系数据的深度挖掘，用扎根研究方法在尽可能保证影响力评估框架科学性的同时，将影响力指标转化为可推广和具有引导意义的决策方案。

3. 主要目标

研究的主要目标在于科学性地建立围绕乡村振兴导向的四川民族地区网络主播影响力的认知框架和评估模型，通过优化提升并发挥少数民族地区网络主播乡村振兴影响力促进地方发展、推动少数民族地区乡村振兴和共同富裕。

（四）本研究的基本思路、具体研究方法、研究计划及其可行性等

1. 本研究的基本思路

研究采用"是什么"（现象描述）—"为什么"（民族志深描）—"怎么样"（社会认知网络分析）—"如何做"（影响力提升方案）的认识论为底层逻辑框架，从发展传播学和少数民族新闻传播"发展话语"的理论视角介入以实地调研和民族志田野为基础的"嵌入"式观察、资料整理和数据编码分析。通过社会认知网络分析建立四川民族地区网络主播影响力评估框架，为提升媒介化语境下少数民族网络主播的影响力，实现"后脱贫时代"的乡村振兴和共同富裕提供参考方案。技术路线图示如下。

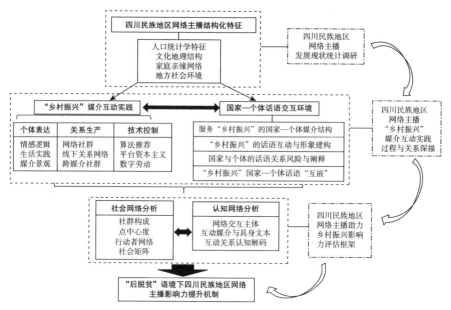

图1　贯连研究思路与研究方法的总体研究结构框架

2. 具体研究方法

（1）虚拟民族志

通过在线的社会化媒体网络梳理，发掘当下活跃在抖音、快手、B站

等川西南少数民族网络主播，并对其发布的作品进行初步的在线文本考察，与网络主播建立初步的联系。

（2）参与式观察和深度访谈

通过在线虚拟民族志的梳理和筛选，选取典型样本，进行线下的参与式观察和深度访谈，并通过实地的田野调查和嵌入式的生活融入，尽可能贴近地感知彝族网络主播的生活方式、创作体验和媒体互动实践中的情感建制、行动者网络的建构与言语意向行为关系。

（3）社会认知网络特征分析法

将社会网络分析和认知网络分析互补结合，对少数民族地区网络主播在媒体互动实践中产生的交互数据进行社会层面和认知层面的分析，用于表征和分析网络主播及其社群成员之间深度参与媒介互动并达成认知交互建构的过程。

（4）批评认知话语分析

对少数民族地区网络主播线上的媒介互动言说文本语料和线下与现实社会关系群体的话语交流等话语文本进行批评认知话语分析，考察网络主播媒介使用与认知关系、自我身份建构与话语表达等内容，揭露形塑少数民族网络主播影响力背后的资本、技术和民族权力作用。

（5）扎根研究

对参与式观察和深度访谈中获取的采访资料进行三级编码，尤其考察少数民族网络主播与社会关系、技术资本和国家话语三个变量之间互动的关系逻辑和相关关系。

第一章

四川民族地区网络主播
结构化特征

　　网络主播，即依托于互联网媒介平台，通过自我形象塑造和特定内容传播，建立起自身的具有标志化意义的"主持人"形象，并形成一定的粉丝效应的新型传播个体。顾名思义，网络主播的诞生离不开互联网络技术的发展，并随着互联网技术支撑下媒介形态的变革发展而变迁——互联网诞生初期的论坛、贴吧中出现的网络红人，如芙蓉姐姐等，依靠夺人耳目的言论而被网民关注，并成为审丑模式下的批判对象，也包括了在某领域具有专业特长，并能够通过网络论坛为公众提供真知灼见的早期"公知"。之后博客、网络日志以及微博的诞生，进一步促成了特定领域下具有专业知识背景或具有信息差优势的主体，借助"博主"的信息传播，满足不同领域受众的需求，比如旅游博主、情感博主等网络红人开始以领域细分的方式出现，逐渐形成以博主为中心的粉丝集聚效应，凭借越发深入人心的媒介互动机制，博主作为网络红人的社群价值开始初步彰显。此后在网络带宽技术进一步发展的基础上，以往以静态的文字、图片为主要传输载体的社交媒体平台发展为以动态视频为主要传输载体。短视频平台的出现进一步降低了信息生产主体的准入门槛，更多的平民主播开始凭借自我日常生活或才艺展示，借助短视频诞生初期的渠道红利，积累了大量粉丝。与此同时，短视频展示渠道之外还有附带的直播功能，进一步强化了主播的粉丝集聚效应，通过情感陪伴或商品的打折售卖，进一步凝聚人气，并形成了依托于网络主播个体流量效应基础上的资本转化产业链，在特殊时期甚至能够发挥"信息领袖"的号召和动员作用，成为当前颇受追捧的网红主播。

　　当前依托短视频平台的网络主播炙手可热，越来越多的个体加入短视频制作或直播行业，网络主播大有职业化的发展潜力。截至 2024 年 5 月 27 日，人力资源社会保障部发布公示，将网络主播确定为新职业①，标志着近几年网络主播在建立产业模式、助力经济社会发展方面切实可见的作用和地位。少数民族地区在近两年也得益于短视频平台兴起所提供的网络主播职业化"红利"时期，崛起了无数具有代表性意义的、发挥了地方文化推广、带动地方产业发展的主播新生力量，并在网络主播职业化的发展道路中贡献了独属于少数民族地区的数字劳动实践特征。通过对四川民族地区网络主播数字劳动实践长达两年时间的观察，可以根据表演方式和收益方式的差异将各大短视频平台上的网络主播分为三大类，即娱乐型主播、电商型主播与知识型主播。娱乐型主播主要通过直播为用户提供消遣性情绪价值；电商型主播通过专业能力为用户提供商品讲解服务，刺激用户的消费欲望；知识型主播则为用户提供各种细分领域的专业知识，以"互联网＋教育"的模式积累用户。②

　　本章采用虚拟民族志和深度访谈调查方法，通过搜索、查询、主动观察，获取具有一定流量的四川民族地区网络主播账号，并对账号内容进行在线细读，初步建立四川民族地区网络主播群体的概貌式描述。围绕性别、年龄、主题类型、地域分布、粉丝规模、媒介使用时长等变量展开线上和线下调研，建立少数民族地区网络主播群体的结构化特征，即"数字画像"。

① 光明网.人社部：拟增加网络主播等 19 个新职业［EB/OL］.（2024-05-24）［2024-06-09］.https://baijiahao.baidu.com/s?id=1799928986356853392&wfr=spider&for=pc.

② 丁方舟，陶柔柯.网络主播失范行为的治理路径探究［J］.青年记者，2021（23）：40.

第一节 四川民族地区网络通信技术等基础设施生态的发展

我国少数民族众多，由于自然地理环境和人文历史等相关因素影响，大部分少数民族祖居靠近山区的生态环境，相对闭塞的交通以及较为独立的人文风俗使其在经济社会发展方面及现代化程度方面的发展速度有限。尤其以我国西部山地和高海拔地区为代表，是我国主要的少数民族聚居区，形成了包括藏、羌、彝等多个少数民族集中分布的自然地域，分处于甘孜、阿坝和凉山自治州。这些地区拥有广袤的地理资源环境，民俗文化丰富深厚、生态人文风光秀美，但同时也受到高山、高原等高海拔的自然环境限制，道路条件不佳，在一定程度上影响了区域间、各民族族群间的交流，制约了经济社会的现代化发展。

随着 1999 年党中央制定"西部大开发"国家战略，2000 年国务院成立西部大开发办公室，西部地区的城乡发展开始进入快车道。此后，2015 年国家下发《中共中央、国务院关于打赢脱贫攻坚战的决定》，为"确保到 2020 年我国现行标准下农村贫困人口实现脱贫，贫困县全部摘帽，解决区域性整体贫困"而提出的一整套精准扶贫、精准脱贫的计划和解决方案。西部少数民族地区的精准脱贫成为 2015 年至 2020 年各级党委、政府的着力点，随着 2020 年我国实现全面脱贫，四川西部少数民族地区民众的生活环境焕然一新，地方产业发展获得新的生机，广大少数民族群众的家庭收入极大改善。在此背景下，短视频平台型媒介的普及与地方少数民族群众展示自我新生活、新面貌、记录和传承在现代化发展下即将消逝的传统民俗文化等媒介使用动机一拍即合、相得益彰，为四川民族地区经济社会文化多个维度的现代化转型发展提供了新的契机。乡村短视频的崛起不乏少数民族网络主播所呈现的少数民族村寨景观和生活场景，成为当前短视频领域重要的组成部分，伴随乡村短视频爆火的背后，少数民族地区网络主播的身份、内容及价值导向等话题也备受关注。

2000 年 1 月国务院发布西部大开发计划，2010 年出台《关于 2009 年西部大开发进展情况和 2010 年工作安排》的决议部署，明确指出支援西部建设战略部署，加大力度重点扶持西部欠发达地区的电信网络基础设施建设，做好电信基础设施共建贡献，大力推进第三代移动通信网络建设，从多方面来保持西部地区经济平稳较快发展。[①]

西部地区通信技术服务市场自新千年以来十年间始终保持着持续快速增长的良好态势。西部十二省市的通信技术服务市场规模从 2007 年的 90 亿元增长到 2011 年的 177 亿元，年均增长率达到了 19.44%。[②] 电信网络等基础设施在四川民族地区的建设仅是开始，随着网络宽带技术发展以及相关业务在社会建设方面的渗透作用，少数民族地区因地理位置、人文理念等客观自然条件和主观因素的影响，在数字化高度发展的"十三五"时期面临着新的通信难问题，并进一步形成城乡之间的数字技术区隔，基于技术区隔所导致的数字鸿沟问题进而延伸出经济社会人文发展的城乡区隔。在此背景下，四川民族地区的青壮年劳动力外出务工成为常态，甚至很多青少年选择辍学外出务工，进一步加剧了少数民族乡村地区在经济、文化方面与城市的差距。

数字信息通信的覆盖是保障民族地区经济社会文化发展的关键基础设施，正如我国早年推行的"路路通"政策措施，立足于数字通信技术全覆盖在新时代背景下推行的"村村通"工程取得了重要成效，进一步提升了数字通信技术在我国西部山区，尤其是少数民族聚集地区的覆盖。作为信息高速公路的宽带网络，宽带通信网络正是新时期带动致富和发展的数

---

① 国家发展改革委.国家发展改革委印发关于 2009 年西部大开发进展情况和 2010 年工作安排的通知：发改西部〔2010〕754 号 [R/OL].（2010-04-27）[2022-03-02].https://www.gov.cn/zwgk/2010-04/27/content_1593525.htm.

② 方自烈.通信技术服务行业发展趋势分析 [EB/OL].（2012-06-27）[2022-03-05].http://www.ccidcom.com/xingyebaogao/20120627/AbEnUIIzJHVYvPjT.html.

字化道路，从"路路通"到"村村通"，既见证了不同时代发展阶段社会基础设施建设从工程实体到数字网络等科技主体的现代国家战略导向转型，也体现了国家对差异化发展地区持续不断的、前瞻式布局与分布式推进相结合的战略实践。早在 2013 年，我国国务院发布了"宽带中国"战略实施方案，以缩小数字鸿沟，确保基本公共服务能够延伸到广大农村地区。"目前包括基础企业和互联网企业，普遍加快了宽带提速的进程，其中更多的是中西部农村地区。"①"'十三五'初期的时候，我们全国大概是五六十万个行政村，可是我们真正不通宽带的村就 5 万个。另外，还有 15 万个行政村有宽带，但是今天说下来就像笑话一样，接入能力不足4M。"② 为了解决城乡网络覆盖不平衡的问题，进一步消除"数字鸿沟"，工信部联合财政部深入研究，提出电信普遍服务的补偿机制，并于 2015年底开始实施。2015 年以来，工业和信息化部联合财政部深入实施电信普遍服务，共支持了 13 万个行政村光纤网络的建设，以及农村和边远地区3.7 万个 4G 基站的建设。目前已经实现了我国行政村通光纤、通 4G 的比例双双超过 98%。③

　　作为我国"脱贫攻坚"政策实施的重要内涵之一，四川省各级部门加快推进通信宽带网络在四川农村地区的覆盖。随着我国脱贫攻坚战于 2020年取得初步成功，2020 年 5 月四川通信业实现全省所有行政村 100% 通4G 网络，带动企业投资 45 亿元，解决了近万个行政村通光纤宽带、4 千余个行政村通 4G 网络和"三区三州"深度贫困县 3200 公里重点道路沿线移动网络覆盖问题，至此实现 100% 通光纤、100% 通 4G 的"双百"

① 李琭璐.工信部将进一步关注中西部农村宽带建设［EB/OL］.（2014-04-24）［2022-03-05］. http://www.mzyfz.com/cms/caijing/caijingzixun/guonei/html/796/2014-04-24/content-1007761.html.

② 申佳平.工信部："三区三州"深度贫困村通网比例达98%以上［EB/OL］.（2020-11-06）［2022-03-15］. https://www.163.com/dy/article/FQP2QEI905346936.html.

③ 李琭璐.工信部：深入推进农村宽带网络建设助力脱贫攻坚［EB/OL］.（2019-10-25）［2022-03-16］. https://www.chinacoop.gov.cn/HTML/2019/10/25/157692.html.

目标。^①

<h1 style="text-align:center">第二节 四川民族地区网络主播构成、
分布等数字画像</h1>

随着互联网宽带在西部地区覆盖推广，四川民族地区进一步落实宽带接入和电信资费下降的利民举措，四川网民数量位居西部第一，"平均每个网民拥有 2 部手机"^②。尤其是 2010 年后，新浪微博、微信、抖音等一大批社交互联网创新产品的问世，极大地促进了中国互联网市场的大众化普及。其中，快手在众多社交媒体中独树一帜，其最早将服务对象聚焦普通民众，并推动了乡村短视频的发展。

一、快手短视频平台的崛起及其乡村市场战略发展

2012 年 11 月，快手转型成为短视频社区直播平台。在当时以 QQ 空间、微信、新浪微博三大社交平台三分天下、人人网仍具人气、陌陌开始崭露头角的互联网市场，如何定位决定了一个新生的互联网社交软件的命运。快手认定以短视频为主体、面向普通人的产品在当时是一块空白，于是避开了以微博为代表的明星大 V 路线。除了定位普通人外，快手的崛起与其内部的算法运营密不可分——通过精准定位用户的喜好和关注点，提高信息的分发效率，满足用户的信息需求，使得快手在 2015 年至 2016 年注册用户数量迅速增长，并且这种增长的背后是以小城镇居民

---

① 刘旭强.四川通信建设扶贫新进展：5月底实现行政村100%通4G网络［EB/OL］.（2020-05-29）［2022-03-16］. https://www.163.com/dy/article/FDQA0PS00514D3UH. html.

② 李秀江.四川互联网发展报告：四川网民人均2台手机［EB/OL］.（2018-06-30）［2023-02-04］. https://www.sohu.com/a/238565345_100144870.

或欠发达地区农村民众等普通人为主力用户人群。2016 年 6 月，霍启明博士的《残酷底层物语：一个视频软件的中国农村》揭示了快手用户中有海量底层用户存在，同时也进一步助推快手进入大众视野。2017 年 2 月，快手已经有 4 亿注册用户，4000 万日活量，1.5 亿月活量，成为中国第四大社交软件、中国最大的短视频平台，估值达到 30 亿美元。① 但快手创始人宿华将用户的下沉式增长归因于快手运用算法推送导致"自然形成的用户分布结果"，认为这"真实反映了中国人口的结构，投射了真实的社会行为"②。

快手撬开中国大量城镇、乡村普通用户的短视频市场大门之后，快手的崛起被形象地誉为"典型的农村包围城市的成功故事""非典型的、逆向生长的中国互联网产品成长故事"③。2018 年快手公司创新部门推出"幸福乡村计划"，旨在通过快手的技术和产品，挖掘、连接中国乡村的人、物产以及文旅资源，助力乡村振兴，提升乡村的"独特幸福感"，共分为"幸福乡村带头人""幸福乡村创业学院""幸福乡村说""幸福乡村带头人社区""幸福乡村影响力基金"等项目类型④。快手差异化的市场发展战略一方面成功地将尚处于蓝海的中国广大城镇和乡村市场收入囊中，另一方面也成为响应国家脱贫攻坚收官阶段并向乡村振兴战略迈进的践行者和平台供给者。项目获农业农村部、国家乡村振兴局（前国务院扶贫办）支持，现已发展成为国内首个乡村创业者成长孵化器和乡村产业加速器。

此后，抖音、快手等短视频平台型媒介迎来了高速发展的重大契机，据《2019 年快手内容生态报告》显示，快手月活用户数突破 4 亿，原创视

① SherLu. 快手 中国互联网里的非典型与逆向成长［EB/OL］.（2017-01-17）［2024-02-05］. http://www.diankeji.com/yule/30412.html.

② SherLu. 快手 中国互联网里的非典型与逆向成长［EB/OL］.（2017-01-17）［2024-02-05］. http://www.diankeji.com/yule/30412.html.

③ 软件便利贴达人. 快手：互联网下的"农村包围城市"［EB/OL］.（2017-01-17）［2022-05-10］. https://www.sohu.com/a/124505289_403627.

④ 中国通信学会.【网络扶贫精选案例】快手行动幸福乡村计划［EB/OL］.（2018-12-28）［2022-05-10］. https://www.china-cic.cn/detail/22/48/1662/.

频库存数量超过 130 亿，增长幅度逾 60%，并且有大量一、二线城市和广大南方地区用户来到快手，"南抖音、北快手"的传言成为历史。①

2021 年，快手新增"三农"短视频超过 2 亿条，"三农"兴趣用户人数超 2.4 亿，并通过直播、对接电商等多元化的产业链增值模式，培育乡村网红、打造乡村 IP 价值，助力乡村资源变现，快手农资电商 GMV 在过去一年增长了 10 倍。②接下来，快手还将进一步推动幸福乡村 2.0 建设，继续发挥快手的平台优势，实现内容连接基础上的人才赋能。

二、短视频融入少数民族地区的发展与价值建构

短视频平台型媒体对于相对贫困的少数民族地区而言，不仅仅意味着一个自我展示的媒介，更是借助短视频，将天然附带的少数民族文化属性作为显性的视觉物质，吸引更大的社群，达成非物质资本转化的价值效果。

脱贫攻坚作为我国"十三五"规划的战略重点，习近平总书记明确提出"四个一批"的帮扶措施，进一步完善扶贫举措的对象化和精准化。而我国的少数民族地区由于自然地理区位等客观因素的影响，大部分仍旧处于相对贫困状态。与此同时，少数民族地区凭借独特的自然地理与人文历史风俗，使其借助非遗文化的产业资本转化发展成为脱贫攻坚政策下精准扶贫的重要出路。少数民族欠发达地区的传统民俗文化和自然生态景观等非物质文化遗产均成为精准扶贫的有力抓手。近年来，我国各级文化和旅游部门也大力推进非遗＋扶贫，发挥文化在脱贫攻坚工作中扶志与扶智作用。与此同时，在新兴的互联网科技行业崛起的短视频则为少数民族地区

---

① 吕玥. 数据背后，快手超 4 亿月活的真实内容生态［EB/OL］.（2019-09-29）［2022-05-10］. https://www.sohu.com/a/344231090_100194960.

② 环京津新闻网. 快手纪新军：快手助推地理标志产品推广 探索乡村振兴新模式［EB/OL］.（2022-05-05）［2022-05-10］. http://www.010lf.com/news/373453.html.

展示推广非物质文化提供了绝佳的平台和机遇。短视频为少数民族地区传承千年文化遗产并脱贫致富带来新生机，有效打通了精准扶贫的"最后一公里"，被形象誉为"造血式"扶贫①。

快手科技副总裁、扶贫办公室主任宋婷婷介绍，自2019年以来，快手平台上已有1900万人获得收益，其中500万人来自贫困地区，快手成为贫困县百姓的"新农具"。截至2020年5月，快手"幸福乡村带头人计划"下属的快手"幸福乡村带头人项目"已覆盖四川、江西、贵州、内蒙古、云南、湖南等20个省（自治区）51个县（市、区），培育出36家乡村企业和合作社，共发掘和培养了68位乡村创业者，提供超过200个在地就业岗位，累计带动了超过3000户贫困户增收。这些带头人的在地产业全年总产值达2000万元，产业发展影响覆盖了数百万人。②首批入选的20位快手幸福乡村带头人分别来自四川、江西、贵州、内蒙古自治区、云南、湖南等6个省（自治区）的12个贫困县区，其中包含侗族、彝族、藏族、蒙古族、满族、土家族、普米族、他留族等少数民族的快手用户。③

与此同时，政府各级部门也积极鼓励、表彰借助快手短视频传播家乡民俗文化、利用直播电商带货的网络主播。2020年8月，由中国青年报社、共青团中央网络影视中心、共青团浙江省委、浙江省委网信办、浙江省扶贫办公室、浙江省供销社、浙江日报报业集团联合主办的"2020年寻访新时代脱贫攻坚青年网络主播"系列活动的终评结果揭晓，包括来自四川甘孜州的藏族姑娘格绒卓姆在内的六位快手幸福乡村带头人入选。④

---

① 左琳.".短视频+扶贫"开了个好头，然后呢？［EB/OL］.（2019-07-10）［2022-05-05］. https://baijiahao.baidu.com/s?id=1638583922753675241&wfr=spider&for=pc.

② 雅森农交会.精准扶贫新通路——专访快手科技副总裁、快手扶贫办公室主任 宋婷婷［EB/OL］.（2020-08-14）［2023-07-10］. https://www.sohu.com/a/413053711_120311696.

③ 于俊如.快手幸福乡村带头人计划 赋能乡村创业者［EB/OL］.（2018-10-29）［2023-03-23］. http://www.gongyishibao.com/html/gongyizixun/15154.html.

④ 中国江西网.快手六位幸福乡村带头人入选"2020年寻访新时代脱贫攻坚青年网络主播"［EB/OL］.（2020-08-21）［2023-04-05］. https://www.163.com/dy/article/FKI9BNM005508T15.html.

　　快手、抖音等平台为包括少数民族在内的"三农"主播提供短视频＋直播的"新农具"和"新农活"，并积极探索和拓展算法流量、项目合作等多元形式的帮扶措施，使得主播们能够获得更多曝光和收入增长的机会。

　　2018 年 5 月，贵州黎平县盖宝村的"扶贫第一书记"吴玉圣提出了"短视频、直播＋扶贫"模式，组建了"侗族七仙女"直播团队，通过为家乡带货，有效改善了盖宝村闭塞落后的状况，成为少数民族地区搭载网络短视频社交媒体东风、实现乡村振兴的代表性样本。新疆尉犁县的维吾尔族也涌现出了"尉犁黑子""疆域阿力木"等网络主播，通过展示新疆维吾尔族的农牧生活，将短视频粉丝流量转化为地方农牧产品的产业资本根基。新疆维吾尔族农人"疆域阿力木"，借助快手平台直播带货，帮助当地农人开拓销路，并获得 2022 年"快手幸福乡村带头人"项目扶持。他对快手平台的评价是"蛮人性化的，不光是流量扶持，还有货品方面的帮助、一些资源的对接等"①。湘西苗族的 90 后女主播"苗家阿美"（抖音号：XUAA233）借助短视频的镜头美学呈现湘西苗族日常生活的场景，将苗族饮食、传统苗族家庭伦理、自然生态景观等民俗文化全方位展现，为地方农副产品起到了良好的渠道推广与宣传作用。西藏林芝市人大代表、幸福乡村带头人、藏南僜人阿普通过介绍西藏南部未被正式识别的少数族群"僜人"文化，获得了 89.4 万粉丝的关注，成为传播民俗文化、构建中华民族共同体的重要主体。青海省也涌现了"藏獒先生"、云南西双版纳的"阿依扁"、湖南的"苗家阿妹"等一系列通过多元形式展示民族文化风情而深受公众欢迎的高流量短视频博主。快手等短视频平台切实发挥了乡村振兴的渠道和媒介作用，尤其在受自然地理条件限制而发展相对滞后的中西部少数民族地区，切实打造起了地方生态文化资本转化平台，为以乡村共同富裕为前提的乡村振兴奠定了基础。

---

① 中国青年网.快手2022幸福乡村带头人计划，未来3年将发掘扶持1000+乡村创业者［EB/OL］.（2022-08-02）［2023-04-06］. http://www.xinhuanet.com/tech/202208 02/a413c917a0294ef1b6ec948b28d48e48/c.html.

第三节　四川民族地区网络主播的媒介
参与情境与效果

四川为少数民族聚居区，四川境内的甘孜、阿坝、凉山三州分别是我国羌族、藏族和彝族的主要聚居地，拥有丰厚的少数民族非物质文化资源和生态景观等旅游资源。随着短视频平台的兴起，如何将四川本土的少数民族非物质文化搭载短视频媒介的传输渠道，实现文化资本的转化与大众化传播基础上生态视觉景观的资本转化，成为实现四川民族地区乡村文化振兴、经济发展的现实问题。

一、短视频平台型媒体的发展及四川民族地区网络主播的构成现状

随着媒介技术的变革与发展，以短视频为代表的影像化社交互动媒体，更加强"网络红人"的流量引领作用——依托于主播独特的风格气质，吸引公众关注并成为其粉丝、追随者，进行常态化交流互动，并由此打造鲜明的符号化仪式意义。

2018 年 9 月，快手乡村创业者论坛邀请了凉山诺苏文化创始人阿牛阿呷，让其作为非遗传承人，将彝族服饰文化发扬光大。2020 年，四川甘孜藏族自治州男孩丁真进入公众视野，成为年度现象级网红。"康巴汉子"丁真借助短视频的流量效应，切实带动其故乡四川甘孜理塘的旅游热度。据去哪儿网数据显示，2020 年 11 月期间，以甘孜地区为目的地的机票订单相较于去年增长近二成，甘孜地区酒店预订量较去年同期增长 89%[①]。丁

---

① 　光明网.去哪儿网："康巴汉子"丁真带动四川甘孜酒店机票预订量上涨［EB/OL］.（2020-11-27）［2023-05-01］. https://news.qq.com/rain/a/20201127A09U3C00.

真的走红，切实有效地带动了甘孜州当地旅游资源开发与建设，随后的一系列流量操作与当地扶贫干部的策划有关，作为包装和推广机构的"理塘县文旅体投资发展有限公司"发挥了关键作用。然而，作为网红孵化模式的副作用，无法忽略的是，丁真走红后媒体的报道宣传，却将这个纯真的"康巴汉子"塑造成靠颜值赚钱的典型，给青少年造成了较为不良的社会认知效应①。

　　2021年，快手发起"乡村振兴我接力"的乡村场景化接力创作活动，活动开始后，"乡村振兴我接力"话题登上快手热搜，话题下累计发布639个短视频作品。其中，央视网联合快手、中国平安于5月21日在快手平台发布的"乡村振兴我接力——'90'对话90"视频获得275万播放量。来自四川省甘孜州稻城亚丁的新农人迷藏卓玛于5月16日发布了接力视频，获得46.3万播放量。在微博，"乡村振兴我接力"话题累计阅读量达1.3亿。②2018年至2020年，格绒卓姆夫妇通过快手共售出虫草5万多根、松茸7000余斤，还有牦牛肉干、当归、黄芪等特产，产品总销售额达500万元以上。2019年，格绒卓姆夫妇还在村里办起了农民合作社，用高于收购商5%—10%的价格向村民收购特产，带动了周边多个村庄近百户人家增收，每户年均增收5000元以上。③

　　至此，越来越多的四川少数民族个体发现并意识到短视频所具备的潜

① 此类报道见："甜野男孩"走红：长得好看真能当饭吃［EB/OL］.（2020-12-05）［2023-05-01］. https://www.sohu.com/a/436404609_120209831. 丁真走红后的待遇，惹怒上百万大学生，苦读12年输给了一副好皮囊［EB/OL］.（2021-02-10）［2023-05-11］. https://www.163.com/dy/article/G2GCTU1705431O69. html.

② 子莹.中国平安、央视网接力乡村振兴 联动快手幸福乡村带头人点燃助农热情［EB/OL］.（2021-06-03）［2023-05-11］. https://news.mydrivers.com/1/761/761042. html.

③ 中国江西网.快手六位幸福乡村带头人入选"2020年寻访新时代脱贫攻坚青年网络主播"［EB/OL］.（2020-08-21）［2023-05-12］. https://www.163.com/dy/article/FKI9BNM005508T15.html.

在价值——通过对自我生活、形象的展示或对生态景观的呈现，将公众的关注转化为对地方农副产品的兴趣，并成功实现流量变现；或聚焦少数民族文化艺术的传播与改造推广，成为少数民族文化传播推广的使者，同时探索依托于少数民族文化艺术产业的转化资本。

　　通过对快手、抖音、视频号三大主流平台中四川民族地区网络主播的梳理和整理，2016 年至 2023 年四川民族地区网络主播的账号注册量经历了 2020 年的浪潮之后趋于平稳发展（图 1），当前活跃在三大平台的四川民族网络主播达 50 余人（参见附录一），抖音和快手各有一位少数民族主播成为顶流。快手顶流为"鬼步舞 小哈哈"，2023 年粉丝量为 600 余万人，随着"鬼步舞 小哈哈"的出圈，其背后的运营公司正策划账号转型，未来可能独立发展；抖音顶流为"理塘丁真"，目前粉丝量为 700 余万人。两个平台中，粉丝量在 200 万人以上的头部主播共 7 人，仅 18% 的主播贡献了 80% 的粉丝数量，10% 的主播平均粉丝数为 50 万人，其余 72% 的网络主播仅有 10 万人左右的平均粉丝量，呈现出典型的长尾形态（图 2）。

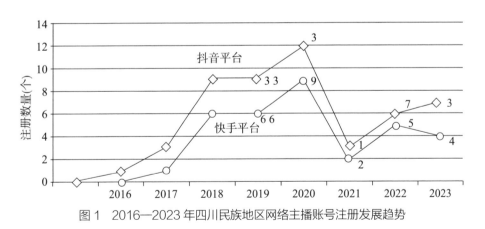

图 1　2016—2023 年四川民族地区网络主播账号注册发展趋势

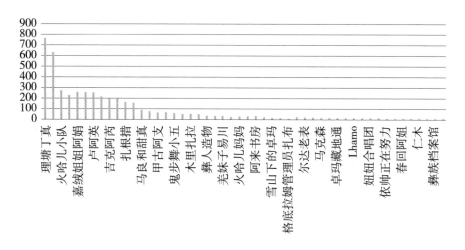

■ 粉丝数量（万）

图2　四川民族地区网络主播粉丝量分布情况表

此外，以少数民族地区政府与机构为主体的短视频注册账号，也构成了传播地方民俗文化、带动地方文旅产业和生态资源产业的重要组成部分，如快手号"凉山非遗""凉山人家"等。

二、四川民族地区网络主播的媒介素养

媒介素养作为主体对于媒介认知和利用的综合能力，已然成为公众所必需的基本素质[①]。随着媒介技术发展以及媒介技术对日常社会生活的深度介入，人类的素养经历了从"经典素养"（Classic Literacy）到"视听素养"（Audiovisual Literacy）再到数字素养（Informaton Literacy）包括新媒体素养的变革历程[②]。尤其是在媒介技术越发社会化、媒介化，技术具身成为常态的背景下，依托于媒介基础上的信息认知、识别能力以及信息的整

---

① 王珏.后疫情时代的公众媒介素养［J］.新闻与写作，2020（8）：4.

② CHEN D T V，WU J，WANG Y M. Unpacking new media literacy［J］. Journal of systemics，cybernetics and informatics，2011，9（2）：84.

合利用再传播能力，成为素养构成的核心[①]。

1.媒介素养：发展与演变

美国大众文化学者、粉丝文化研究专家亨利·詹金斯（Henry Jenkins）将媒介素养定义为一种"社会技能"，注重参与者在社交媒体中的参与、分享和创新技能[②]，是一种个人表达技巧之外的社区互动模式[③]。并且，伴随着当前社交媒体使用中情感体验对理性思考的超越[④]，以色列学者约拉姆·艾谢特 – 阿尔卡莱（Yoram Eshet-Alkalai）提出"社会—情感素养"，强调媒介使用者自身所必备的批判、分析能力，以及良好的信息视觉技能[⑤]。

短视频作为当前新媒体技术形态的代表，一方面，短视频的平台型媒体特征赋予创作者高度自由的内容生产空间；另一方面，基于算法推荐的短视频流量模式倒逼创作者更加偏向于探索并满足受众偏好，由此形成短视频媒介素养中相对悖论的信息整合生产素养和基于流量效应的大众化信息共情素养并存的状态——短视频创作者既要能够把握、感知优质信息，又要从流量的角度策划、整合信息，由此导致追求精英主义的"媒介素养"与追求大众化品位和娱乐化享受的"反媒介素养"之间的权衡与博弈，使得反映短视频创作者"媒介素养"的数字劳动实践变得更为复杂。在短视频传播时代，媒体素养体现为短视频内容生产中创作主体对作品主题、风格的把握，加之短视频的推送和传播在很大程度上依赖于算法技术，因此不同于传统的社交媒体素养，短视频的媒介素养更加强调基于算

① 李金城.新媒介素养：概念与能力框架［J］.浙江传媒学院学报，2017，24（2）：19.
② 李媛.新世纪基于Web of Science™的海外媒介素养知识图谱［J］.东南传播，2021（6）：125.
③ 陈奕，钟瑛.新媒介素养研究的变迁、热点和趋势［J］.现代传播（中国传媒大学学报），2022（5）：161.
④ 张苑琛.新媒体时代媒介素养研究的转向［J］.探索与争鸣，2011（8）：71.
⑤ AVIRAM A，ESHET-ALKALAI Y. Towards a theory of digital lteracy: three screnarios for the next steps［J］. European hournal of open，distance and e-learning，2006，9（1）：163-176.

法认知基础上的内容主题把握与策划能力。

2. 少数民族网络主播的媒介素养：共性与个性内涵

随着短视频等社交媒体在乡村地区的普及，村民的媒介素养问题成为关注焦点。村民的媒介素养是村民在媒介使用过程中对信息的选择、理解、质疑、评估，以及制作、传播媒介信息能力的体现[①]，在我国大力实施乡村振兴尤其是乡村文化振兴的战略部署下，村民的媒介素养直接关系到乡村文化资源的发掘与利用、乡村文明社会的构建与治理，是实现乡村文化振兴的直接动力。尤其是作为乡村传播代言人的网络主播，其媒介素养的高低直接影响到乡村文化生态被呈现和认知的效果，因此对地方文化旅游、产业发展起到了至关重要的作用。

少数民族地区拥有较为广阔的乡村，因此少数民族地区网络主播与乡村网络主播具有共性，如以乡村生活为本体的生活作息和社会网络关系等，但同时又由于文化、历史、地理等条件导致的生活环境的差异，形成了个性化的短视频内容生产特征，如少数民族特有的民俗文化生活、仪式节庆和建筑景观乃至个体的形象特征、语言交流、饮食穿着等。由此，从短视频内在的视觉传播价值属性来看，少数民族地区网络主播借助短视频的传播具有独特的视觉特征，但由于短视频作为大众参与的平台型媒介，其信息量巨大，如何更好地呈现相关的内容，尤其是通过揣摩和把握基于大众浏览偏好的算法模型，提供满足大众关注的内容主题策划，成为少数民族地区网络主播一般素养的体现。

与此同时，如果一味关注大众关注偏好的算法模型而迎合式地进行创作，也容易导致内容创作低俗化甚至审丑化。当前普遍存在的这一矛盾现状主要体现在四川民族地区网络主播通过卖惨、装穷等博取同情的方式来吸引流量，以及部分主播通过慈善造假的方式，编造丑化彝族同胞的短视频故事或将其穷困的状况夸大化来美化甚至捏造自己的捐赠或慈善行为。

---

① 秦艳华，杜洁.媒介素养：乡村文化振兴的重要推动力［J］.中国编辑，2021（11）：11.

以网红"杰哥"为代表的一批"网红"，利用部分凉山地区尚处于相对贫困状态的背景，渲染村民的穷苦生活，并通过自身"假慈善"的作秀行为博取公众的同情而牟利。

如果说以上的短视频网红手段恶劣、游走在违法边缘的行为可以部分归因于其自身缺乏媒介素养、一味贪图流量背后的经济利益，没有认识到短视频的媒介社会化作用甚至是政治文化社会作用，因此为公众所不齿，那么还有部分少数民族地区网络主播则通过故意迎合短视频流量，为了博取眼球不惜"打造"自我人设，牺牲地方形象，导致主流价值与通俗旨趣之间的冲突。还有部分处于尾部的少数民族网红，通过夸张、故弄玄虚等手法恶搞少数民族民俗或乡村生态，以迎合短视频泛娱乐化的大众审美传播不良风气。

此类短视频的诞生在很大程度上源于四川民族地区民众媒介素养意识不强，甚或于其并没有意识到媒介素养的存在，而其创作的动机最初或早期基本是出于"博取眼球"换流量的追求短期利益的心理，更加剧了这类网络主播群体缺乏从更为宏观、全局的角度反思自我创作动机和长远发展的"元认知"素养。

此外，由于短视频算法效应的存在，基于点赞和转发数量、流量池机制等内在不可见的算法模型固然能够在很大程度上反映广大公众的接受旨趣，但在另一方面也会潜在助长盲目跟风、低俗化的内容创作生态。而少数民族地区网络主播由于生产生活等物质资料相对匮乏、媒介素养的培育渠道有限等，更加容易受到潜在算法推荐带来的盲目从众化和跟风化创作的影响，加剧了网红长尾效应的生成。大部分处于尾部的网络主播缺乏创新意识和对算法的理性认知，导致短视频作品或者缺乏内涵与思想性，或者陷入恶搞、夸张轻浮、粗俗模仿的低品质怪圈。

当然，也有在近两年异军突起，获得社会和经济双重收益的少数民族地区网络主播。如"迷藏卓玛""小卓玛""洛桑与小志玛"等川藏地区网络主播，他们凭借对家乡自然景观生态与民俗文化、农业产业的推广与宣传，在塑造自身人设的同时，也紧紧把握住国家生态文明和乡村振兴的战略宏观方向，切实从自身的实际出发，成为"乡村幸福带头人"。不仅依靠短视频平台的流量经济实现了自我生活条件的改善，还帮助同村村民乃至其他地区的农户带货、发展产业——其中既有寻求团队合作，采用 MCN 团队进行品质化包装的少数民族小主播"小卓玛"，也有目前逐渐积累了 30 余万粉丝的"茂县格满初藏羌土特产店""甲古阿支"等凭借真诚、朴实的短视频内容，介绍家乡、宣传家乡，为家乡农产品带货并逐步稳定积累流量的素人主播。

相较于抖音、快手中非乡村网络主播，"少数民族 + 乡村"的双重身份为主播们的创作提供了双重境遇——一方面，赋予其独特的身份象征，凭借少数民族族群差异化的生活民俗文化和生态自然景观，他们天然地拥有丰富而特色化的创作资源；但另一方面，由于少数民族地区网络主播们大多数受教育程度不高、经济社会发展条件有限、现代化意识与市场化理念不够充分等潜在认知素养的短板影响，在一定程度上限制了少数民族地区网络主播的原创意识和创新思维。通过对抖音、快手平台上较为活跃的四川民族地区网络主播的作品进行民族志观察发现，大部分主播从开播动机、账号维护以及产业链打造方面，均缺乏具有长远规划的主动投入和思考，更多的主播是始于记录生活，或者看到了短视频流量变现的渠道价值，草率投入短视频创作。如悬崖村"悬崖飞人 拉博"火起来之后，悬崖村出现了数个打着悬崖村头号主播身份，试图在公众对悬崖村的关注流量下分一杯羹，但在内容创作方面，基本上是记录每天往返悬崖之路的视频。虽然悬崖村已经在当地政府的支持下实现易地搬迁，但悬崖村网红们仍旧难以摆脱依靠卖惨博取微弱流量这一简单粗暴的模式，必然导致同质化竞争和公众审美疲劳之后的流量零增长乃至负增长的困境。

目前，绝大部分已经走红（粉丝量在百万以上）的四川民族地区网络主播，其内容均以地方生态自然景观构成，如"小卓玛""嘉绒姐姐阿娟"等，虽然在带动地方文旅产业方面卓有成效，但自身内容高度同质化、缺乏创新，在社交媒体时代信息高度冗余、受众注意力焦点转换迅速的当下，不得不面临因形象刻板化而导致的受众审美疲劳等负面效应。

归根结底，可以在一定程度上将以上不足和潜在的风险归因于四川民族地区网络主播的媒介素养问题。有必要增强主播们的宏观政策意识以及国家战略前瞻思想，同时丰富主播们的知识文化素养，包括以短视频为代表的媒介平台运营管理知识、算法推送数理知识、信息传播的受众心理知识等，提高其对媒介使用的能动性和创造性，才能打破当前四川少数民族网络主播同质化竞争、内涵与思想性不足或可持续发展的悖论与风险，真正发挥其乡村振兴引领价值。

三、四川民族地区网络主播的信息生产

随着短视频在四川民族地区的普及，加之 2020 年全面脱贫之后国家乡村振兴战略规划的实施，大量返乡群体将短视频平台媒介视为"新农具"，将新兴的传播理念和内容创作手法运用于展示家乡生态景观、记录少数民族乡村民俗文化风貌之中，形成了独特的媒介化少数民族乡村生态情境。

通过对以抖音、快手为主要短视频媒介平台对象的统计分析，四川民族地区网络主播的构成主要有三个方面：一是通过拍摄趣味性的短片，间接展示并传达地方美景或服饰等民俗文化的。如"嘉绒姐姐阿娟""茂县格满初藏羌土特产店""藏族大表哥"等，都是类似的模式。随着粉丝人数的增长，他们依托短视频平台的媒介资本发展当地民宿、农特产品等产业，吸纳地方就业，并由此建立以短视频平台为中心，直接参与并服务于地方经济社会发展的"网红经济"产业链条。其中，获得快手"乡村幸福带头人"称号的藏族网红主播"迷藏卓玛"，质朴真实地展示其本人在高山挖松茸、喂马等原生态的绿色少数民族乡村生活方式，逐步建立起以个人为中心的地方特产推广营销网络，依托拍摄短视频的粉丝集聚效应，成

立线上"迷藏卓玛滋补养生旗舰店"，形成"推广＋社群营销"的全服务型产业链。也有主播将地方民俗文化直接进行艺术化的改造式呈现，借助专业的人像摄影或摄像，形成少数民族服饰、装饰的艺术产品化改造。如"彝人造物 CHINAYI"，主播是当地摄影师，除了经营线下店铺，也依托抖音短视频平台展示彝族各年龄段的人物肖像或艺术化摄影高清图片，展现了时尚且独具美学特色的彝族民俗文化。

二是通过记录日常生活，展示日常生活中的真实场景，构建起独属于少数民族群体的"观看奇观"。所谓"观看奇观"①，即借助手机为媒介的短视频拍摄，大多形成了他者视角下的自我观看，并通过模仿他者视角的自我观看，建立起观看基础上的多种情感类型认同。通过对抖音、快手、视频号三大主要短视频创作平台的观察梳理发现，四川藏、羌、彝少数民族独有的生活习俗为主播提供了天然的拍摄素材，围绕吃、穿、住、娱乐休闲等不同角度，主播们不加技术或艺术剪辑与加工的自然记录也有可能带来一定的流量效应。如 2022 年，当时新晋彝族主播"彝家小二妹"展示其粉刷家屋、劈柴、打核桃等生活日常，其淳朴的农人生活获得不少粉丝关注。

三是以少数民族人物创作为核心，展现人物独具特色的穿着、纯真的外形，如"小卓玛"，凭借其"治愈系的童真"俘获众多成年男女粉丝的心；而阿坝州打造的网红"丁真"，目前的发展策略也是以人物形象展示为主的地域文化传播。也有部分主播凭借自身的表演天赋或内容个性塑造人物气质，如"吉克阿芮"，通过变装实现性别互换式表演。

以上以四川民族网络主播创作内容为对象的类型划分，形成了类型多样、内容广泛并且全方位展现四川民族地区村寨景观的渠道。而随着乡村振兴理念深入人心，地方政府与乡贤和返乡群体的共同参与积极性高涨。

①　拉康的凝视理论可解释少数民族主播这种将自我置于先验他者主体观看之下的奇观式建构过程，参见：舒练."无物"的"恋物"：拉康"对象a"视角下消费主义的深层透视［J］.世界哲学，2023（5）：91-99.

伴随着媒介技术发展、平台管理制度优化，依托短视频平台宣传特色少数民族文化、带动地方文旅生态产业发展，正逐渐成为地方民众的共识。短视频的制作主体由原来大部分为单打独斗式的个体户，转而开始出现部分以地方传媒机构甚至地方政府部门等多主体的短视频制作模式，凭借其类似 MCN 团队的专业化制作，此类机构化运作的短视频账号凭借更加专业的镜头语言、更具美学观赏价值的视觉效果、更具形式与内涵创新潜力，形成了优化少数民族地区网络主播队伍的重要补充。如"遇见娜姆"为四川甘孜州丹巴黑水县西杰玛影视文化传媒有限公司的官方账号，该账号打破了当前短视频创作越发同质化的传播趋势，创新式地采用了"女主角＋短视频情景短剧"的创作方式，将碎片化的短视频相互联系，形成兼具剧情和娱乐休闲效应、展示少数民族村寨脱贫攻坚成果和村民幸福生活的短视频制作，成功塑造了阳光幽默又不乏个性魅力的返乡女主角娜娜的形象。

短视频依托个人手机，立足于平台型媒体赋予多元化的个体平等展示自我的机会，催生了乡村短视频文化景观，将相对偏远地区少数民族村寨的民俗文化生活引入公众视野，为城市化进程中的接收主体带来清新淳朴的田园生活。不容忽视的是，短视频平台化发展潜在的内部商业化本质也加剧了短视频创作个体的异化趋势，原本的短视频内容被赋予媒介资本转换的潜在基础，短视频创作的评价标准并非仅仅依赖于内容本身，更受到观众或者商业化的粉丝的左右——拍什么在很大程度上取决于大众的需求与口味，而主播则是在探索大众的口味与偏好方面寻求拍摄的定位与风格。这就导致了拍摄内容失真，或高度迎合资本化逻辑，成为满足大众泛娱乐需求的"产品"，或成为部分创作个体牟利的工具，其通俗甚至低俗的内容风格给社会或自然生态造成了不良影响。

纵观当前四川民族地区网络主播，也呈现出了内容价值导向和个人风格层面的内部分化差异。甘孜、阿坝藏族地区凭借独特的高原地貌和农牧生活文化形态，已初步借助"自然风光＋民俗文化"的短视频展示串联起地方文旅产业资源的开发与建设。四川地区的藏羌同胞能够较好地将自我展示与地方文化民俗相结合，加以短视频传播。

　　毫无疑问，类似依靠卖惨来博取同情的网络主播，除了能够满足自我媒介资本的积累，对地方形象与资源产业的发展是极为不利的。大凉山彝族少数民族地区基本实现了整体脱贫，地方政府在人居环境、产业招商引资等方面为当地百姓提供了相对较好的基础设施条件。但仍有彝族网络主播回到已经废弃的老屋故意摆拍短视频，并营造虚假的纪实生态，这严重影响并歪曲了公众对大凉山地区的形象认知，也不利于主播长远发展及实现自我基于短视频达成媒介资本转换的模式升级。

第二章

乡村振兴与四川民族地区网络主播信息生产交互关系分析

　　乡村振兴的基本国策于 2020 年我国脱贫攻坚取得全面胜利之后提出，作为接续并巩固脱贫攻坚成果，进一步弥合城乡二元差距，真正推动乡村经济人文社会生态等全方面发展的政策体系，乡村振兴的提出恰逢我国"两个一百年"的历史交汇点，作为我国新百年征程起步的展望；而同属于我国乡村重要组成部分的少数民族地区村镇，既是乡村振兴的重要主体，又是乡村振兴政策惠及的对象，在乡村振兴的国家政策话语引导下，我国少数民族村镇迎来了新的发展契机。

　　四川民族地区地处我国西部山地和高原地区，自然地理条件受到山地和高原地形的制约，交通不便或道路条件不佳等问题在一定程度上制约了当地少数民族产业发展和社会经济收入水平。近十年来，我国各级政府组织积极投身脱贫攻坚战略部署中，为四川甘孜、阿坝、凉山三大少数民族聚居地区村镇的社会经济环境与人均收入水平带来了显著的改善。据悉，截至 2020 年脱贫攻坚全面达成之年，甘阿凉三州的贫困村镇居民均已实现就地或易地搬迁，通过积极引进科技和农业专家团队深入实地调研，初步达成了部分村镇的产业升级[①]。

　　伴随着脱贫攻坚与乡村振兴政策的接续，数字媒介技术的发展也在此过程中发挥了重要的作用。借助短视频平台提供的展示性价值，我国少数

①　相关表述参见：凉山党建.【脱贫攻坚】凉山脱贫攻坚答卷［EB/OL］.（2021-02-18）［2023-05-10］. https://mp.weixin.qq.com/s?__biz=MzI5MjIzMjY4Nw==&mid=2247493976&idx=3&sn=b8728c1fe96632059ada129d598113e9&chksm=ec0625d8db71accecfbe56e82746b43c4912965577f52162668e8d762337ed55b5ee8655a662&scene=27.

民族一方面发挥民俗文化生态的可视性价值，另一方面，短视频可视化的社交性平台媒介将原本处于遮蔽状态的少数民族民俗文化和生态景观加以传播与推广，进一步发展了基于短视频平台型媒介带动脱贫攻坚、实现乡村振兴有效衔接转换的动能与条件。

本部分内容主要通过植入国家乡村振兴的政策措施与少数民族地区网络直播媒介实践之间的互动关系，思考在发展传播理论背景下，国家—个人二元关系如何在社会化媒体的互动实践中构成对社会变革发展的影响，通过评估其内在的矛盾风险及转化，考察社会化媒体国家主流话语与个体自媒体话语之间的平衡与交融。

第一节　国家—个体二元关系模式下少数民族地区网络主播的数字劳动

无论是 2020 年前的脱贫攻坚，还是新百年进程中以乡村振兴为要义的政策话语，都是构成我国主流媒体表达的中心，并且在代表和象征国家意志的主流媒介话语体系中，乡村不仅被视为新百年国家发展和民族传统文化复兴的新阵地，而且被塑造为承担新的国家建设发展使命、应对更为复杂的国际局势变幻中的乌托邦。以快手、抖音和视频号为代表的短视频平台的兴起，立足于商业化运营的媒介集团公司，将我国广大的乡村地区和村民纳入潜在的用户主体，形成了包含乡村景观、乡民形象、乡土文化等多元内容的可视化媒介生态。不过，诸如快手作为最早在国家脱贫攻坚政策引导下将乡村作为市场拓展核心的新型媒介企业，在充分挖掘大量村镇用户所建立的视觉消费奇观之后，又进一步通过流量激励、平台互动策划、乡村网红培育与奖励机制，进一步强化了乡村—平台的利益共同体——平台的流量扶持与活动展示，作为间接的媒介资本形成了以乡村个体为中心的产业链条。乡村网红凭借内容创作而凝聚的粉丝效应，也可以发挥强化平台价值和功能的推广宣传作用,吸引着越发多的乡村主体尝试、探索、参与到短视频平台的创作中,带来平台流量或用户资源的持续增长效应。我国少数民族地区的广大乡村也在短视频普及化发展的过程中,塑造与被塑造了大量少数民族乡村网络主播,他们凭借短视频媒介赋权,共同参与到国家乡村振兴话语的媒介信息生产中。

短视频平台超越传统媒介信息传播功能之外拓展的渠道变现或产业资本转化的商业价值,丰富了社会化媒介的社会嵌入和社会治理作用与身份,尤其赋予参与短视频创作的主体以自我作为渠道的产业链衔接价值。短视频的内容创作作为一种数字劳动形式,其主要目的在于实现除了媒介资本积累之外的经济效益变现。随着以短视频为载体的数字劳动形式的出现,以及数字经济多元形态逐渐被大众所认知,少数民族群体虽然在短视频的参与进程中参与起步较晚,但也有显著的发展。例如,可以将 2018 年贵州"侗族七仙女"作为少数民族介入短视频领域并成功打造数字劳动主体形象的标志,而四川民族地区的网络主播则最早在 2017 年出现。早期的四川民族地区网络主播有"嘉绒姐姐阿娟""凉山主播拉姆""川藏主播迷藏卓玛"等,经历了 2018 年以来伴随短视频平台化发展及随之而来的用户数量高速增长,少数民族网络主播的粉丝数量及注册量于 2020 年达到高峰。据抖音、快手、视频号三大短视频平台的初步统计,当前活跃的少数民族网络主播中,约有 70% 在 2020 年注册账号并开始短视频创作,其中保持较高的创作频率的主播约 20 人[1]。根据短视频创作频率、作品数量与粉丝增长量之间的正相关关系,越早开始短视频创作并保持持续性创作频率的主播,在大约 2—3 年的时间内,可积累至少 10 万的粉丝,部分少数民族网络主播凭借独特的作品内容,能够在更短的时间内积累指数级增长的粉丝数量,如"嘉绒姐姐阿娟""迷藏卓玛""吉克阿芮""鬼步舞 小哈哈"等主播。

---

[1]　相关数据系本书作者基于抖音、快手账号中针对四川民族地区网络主播的创建时间、创作数量、粉丝数量等数据初步评估得出。

随着短视频平台聚合国家、资本和用户三方势力，短视频的创作本身不再简单化为大众化的信息生产和传播，而是嵌入了国家话语、平台资本和用户利益的数字劳动实践。短视频超越其本身的媒介定位，在快速普及和深度嵌入公众日常生活的媒介化发展过程中，越发延伸出作为数字经济的平台效应。

以少数民族网络主播为主体的数字劳动，凭借自身的少数民族身份、世居的自然生态环境、长期形成的民俗文化习惯等，构成了较为典型和特异性的数字经济空间。以数字平台为中介进行生产和生活的劳动被称为数字劳动[①]。以四川民族地区网络主播为例，其以短视频创作为数字劳动的数字经济模式，大体上可分为情感型主播和带货型主播两类[②]，前者主要通过少数民族自然或生活环境下的自我呈现，满足受众对其潜在所塑造的人设的亲密关系需求，如当前存在一类女性主播以展示劳动场景下女性吃苦耐劳、勤俭持家的少数民族女性形象，通过作品的评论可以看出，大部分男性受众通过赞美、欣赏等褒义的评论语言如"娶妻就娶这样的""好女人""丈夫有福"等，表达自己对主播的情感认同。

从主播的劳动过程来看，四川民族地区网络主播的数字劳动大体由劳动时间和劳动空间两个维度相互塑造。就劳动时间来说，大部分新介入的四川民族地区网络主播仍旧以短视频创作作为副业，或作为享受并展示生活状态而随意拍摄的自我娱乐行为，仅有少量介入短视频平台时间较早、凭借早期定位清晰的作品题材积累了至少 30 万且较为稳定的粉丝数量的主播群体，如"迷藏卓玛""嘉绒姐姐阿娟""小卓玛""达娃卓玛""扎西娜姆""吉克阿芮"等，他们的创作频率较高且风格相对固定，他们非常珍惜自己早期开创的短视频作品风格以及在此风格下逐渐成熟的自我人设——一方面，从创作频率而言，高频率的作品创作以及借助作品持续性

---

① 胡莹，钟远鸣.平台数字劳动是生产劳动吗？——基于《政治经济学批判（1861—1863 年手稿）》的分析 [J].经济学家，2022（8）：33.

② 戴颖洁，吕梓剑.数字劳工的主体性及其发展走向：基于品牌带货主播异化劳动的研究 [J].新闻与传播评论，2022（5）：72.

地输出和潜在强化的自我人设，为粉丝的情感认同带来增值效应；另一方面，他们高频率的作品创作不得不因为追求效率而采用高度同质化的创作内容，比如"迷藏卓玛"反复拍摄挖掘虫草的场景、"小卓玛"淳朴自然的笑容、"扎西娜姆"自拍式的劳作场景等，这样高频率相似内容的创作，不仅有利于自我人设的强化而在网络流量时代获得标签效应带来的深刻印象，而且创作简单甚至零成本，也有利于压缩其高频率创作带来的时间和精力损耗。这样的创作模式有利于粉丝数量的维护甚至稳定增长，进一步促进了主播职业化的发展趋势。他们只要能够维护粉丝群体的稳定或者稳步提升粉丝数量，就能够获得平台、地方农户、地方政府等多种群体或机构的青睐，通过流量扶持、资金奖励、带货合作等多种互利模式，获得媒介资本带来的资本红利，由此实现从村民身份向职业化主播身份的转移。

但与此同时，职业化主播也意味着将自我时间作为产品向短视频平台在内的运营主体售卖，劳动主体时刻被互联网规训，其劳动时间被异化，无论其工作、睡觉还是休闲，手机充当了中介，将原本"工业时间"规律的作息完全打乱，并被平台（资本）悄然规训，形成一套符合资本利益逻辑的时间分配法则。[①] 这些看似依托于短视频"新农具"成为"新农人"的网络主播，在获得媒介资本并间接转化为社会资本和文化资本的同时，也失去了自我主宰的时间自由，成为被潜在以资本为导向的互联网机构所规训的物化主体。

就劳动空间而言，作为劳动主体的少数民族网络主播空间亦被信息资本所异化，信息化社会的来临导致原本隐蔽、闲暇的社会空间被技术资本所发现，并充分激活原本被遗忘的空间角落，让劳动主体成为网络空间中的生产要素，在相对充分的资本生产中实现资本积累。[②] 少数民族网络主播

[①]　参见：汪金刚.数字劳动异化：表征、归因与伦理重构［J］.青年记者，2022（12）：25.

[②]　参见：汪金刚.数字劳动异化：表征、归因与伦理重构［J］.青年记者，2022（12）：25.

获得流量效应的"密码"之一包括其世居的生态环境和自然风貌——由于其居住地域以山地、高原为主，且拥有极低的人口密度，非常适合作为短视频媒介中乌托邦式视觉呈现与广泛传播的对象。从当前拥有较多粉丝基础的四川民族地区网络主播来看，他们之所以能在数量众多且各具特色优势的平台主播中脱颖而出，正是凭借优美的自然环境和淳朴的民族村寨风貌而形成的与喧闹都市相对的乌托邦桃园景象，因此获得了广大网民尤其是向往田园生活民众的关注和青睐。而当地方的生态资源凭借短视频传播得以转化为注意力资源并形成资本积累和转化的基础时，主播们对自己生活环境和自然生态景观的拍摄与创作则超越了单纯的自我娱乐或欣赏的分享，而是成为依附于流量而迎合粉丝乌托邦幻想甚至同情式自我心理安慰的刻意炒作，甚至大有通过自黑、自我符号化而迎合观众低俗品位的主播作品。

由此，短视频作为"新农具"在重塑少数民族主播"新农人"身份和赋予新农人数字劳动产业的同时，也存在着资本导向下乡村影像消费化的异化趋势，在一定程度上影响乃至决定了乡村呈现与大众认知。

第二节　乡村振兴国家主流话语与少数民族地区网络主播表达之间的矛盾风险

以快手的乡村市场战略为契机，随着以快手为代表的短视频在乡村迅速普及，短视频为广大村民带来了主体身份职业变迁的新路径。近年来，随着我国乡村经济建设从脱贫攻坚进入乡村振兴的新阶段，短视频作为数字媒体的重要组成部分，凭借其数字经济模式创新等技术平台优势，被纳入国家乡村振兴和巩固脱贫攻坚成果的政策内容之中。早在 2020 年，短视频作为"新农具"在发挥乡村主体性和积极性方面的作用和价值就已经得到了主流媒体的认可①。自 2021 年起，短视频平台在发挥乡村振兴、带动并帮助乡村主体创业致富、提升其社会地位和价值方面的作用被认可并得到了各级媒体的大量报道②。2022 年，短视频成为广大乡村网络主播的"新农具"，直播成为乡村主体的"新农活"，这一趋势越发在实践层面得到普及。随着诸如"李子柒""张同学""侗族七仙女""黔南农仓"等多个乡村网红主体的崛起以及主流媒体的认可与认同，国家主流媒体发声明确并肯定了短视频平台通过搭建电商渠道，在推动乡村经济发展、建设美丽乡村方面更为明确且清晰的路径作用③。

代表党和国家方针政策方向的主流媒体在我国凭借议程设置功能发挥传达党和国家政策，表达民生关切，并最终实现上下沟通的重要桥梁功能。其中，主流媒体报道所潜在的述行④机制，主流媒体的话语表达对公众认知短视频价值，甚至形成调动公众参与短视频创作的意向，具有一定的动员力量。当前围绕乡村振兴的话语主体包括以国家为代表的主流媒体

---

①　夏晓伦.短视频＋直播，变身"新农具"！［EB/OL］.(2020-10-16)［2023-05-14］. https://mp.weixin.qq.com/s?__biz=MjM5NzI3NDg4MA==&mid=2658623595&idx=2&sn=0bf8c4c9107aca1fbe2d5a80758c3599&chksm=bd5fb4048a283d121018d698ecaa09ee7011e07d6f27f3a51db42edca56c3f9a1e754e2332d7&scene=27.

②　2021 年，相关报道大量出现。如：陈阳."短视频正成为乡村振兴新农具"［N/OL］.大江网—江南都市报，2021-08-22［2023-05-15］. https://jndsb.jxnews.com.cn/system/2021/08/21/019371660.shtml.
　　文莎.让短视频成为乡村振兴"新农具"［N/OL］.四川日报，2021-08-04［2023-05-15］. http://www.ce.cn/culture/gd/202108/04/t20210804_36776338.shtml.
　　林颖."新农具"助力乡村振兴 短视频带美丽乡村上"云路"［EB/OL］.(2021-08-27)［2023-05-15］. https://www.hb.chinanews.com.cn/news/2021/0827/362635.html.

③　光明网.短视频何以成为"新农具"［EB/OL］.(2022-03-26)［2023-05-16］. https://tech.gmw.cn/2022-03/26/content_35614346.htm.

④　语言学家塞尔提出语言的意向性，也被称为语言"述行"行为，与……的言语行为理论一致，而媒介的动员作用在很大程度上正是借助于媒介语言在大众化传播过程中的"述行"机制，形成对信息接收者意向性的潜在影响并促成行动。参见相关论文：朱婧雯.网络舆情演化：基于意向性语言认知的传播逻辑阐释［J］.湖南师范大学社会科学学报，2021（3）：85-94.

话语和以平台为依托的大众化乡村个体媒介话语。从最初国家主流媒介话语承担乡村振兴述行话语机制的主要功能，到短视频平台乡村叙事崛起后，短视频平台型媒介赋权乡村主体参与乡村振兴话语，体现了作为国家媒介乡村振兴话语动员的结果。

随着短视频平台的发展和乡村主体参与程度的加深，乡村主体所构成的媒介话语延伸出更为丰富的内涵与意向性意旨关系，尤其是随着短视频媒介平台型商业化运营制度对创作内容的深度嵌入，广大依托于短视频的乡村叙事媒介话语发生了以盈利为导向的创作趋势与动机变化——虽然以广大乡村为主体的短视频创作在宏观层面践行了国家话语，但由于在实际参与过程中短视频平台和主体之间过度追求利益，过度放大短视频作为"新农具"在带动电商、乡村产业发展方面的数字经济动能，而忽视了短视频内容本身正向价值观和审美内涵意义的社会引导作用，一旦任由资本话语成为主导，必然导致乡村主播媒介话语与国家话语在底层逻辑方面的冲突与矛盾。

一是利益主导下消费中心主义逻辑的乡村叙事走向偏狭化，尤其是难以摆脱卖惨、苦情叙事套路包裹中的乡村自黑式呈现。近期出现了大量将四川少数民族村民作为拍摄对象，通过展现他们仍旧处在贫困状态的日常生活，美其名曰呼吁乡村振兴，实际通过二次贩卖乡村的虚假负面现实达成对自我人设的包装，间接促成情感认同基础上的粉丝集聚和流量效应。如因为发掘包装彝族少年主播"阿布"而获得人气的主播"赵灵儿"，以及深入凉山彝族自治州乡村腹地，以"请求吃饭"为叙事由头走进无数居住在凉山高海拔乡村地区的普通农户，通过展现他们相较之下艰苦但勤劳善良的日常生活的主播"小虞"，一方面获得了"乡村振兴使者"的称号，另一方面也遭遇了诸多网友对其摆拍、博取同情、塑造伪人设的行为的批评与指责。

这一类以少数民族村民为拍摄对象，通过展现他们的真实生活，形成自我短视频账号人设的孵化与培育，固然是短视频发展进入成熟期之后数字劳动模式的大众创新形式之一，但这种以少数民族村民为对象的嵌套式短视频叙事，难免会将拍摄对象置于一种被观看和被消费的符号化位置，在迎合受众期待的过程中走向追求通俗审美偏好的人设包装之中，而失去自我作为主体的价值伦理意识。如"赵灵儿"致力于包装彝族少年"阿布"的帅气形象，当然也展现了他的勤劳、朴实和善良；"小虞"则围绕去陌生人家里吃饭的情境记录，塑造村民们穷苦却好客的形象，在其真假难辨或者说存在摆拍和剧本设计的短视频作品中，凉山地区的少数民族村民们再次被包装、消费成为迎合观众情感需求，尤其是同情的对象。这些依托于短视频延伸而来的新型数字劳动者，其打擦边球式的乡村叙事话语，却构成了在国家乡村振兴主流话语下民间话语的重要组成部分。但从他们的创作动机来看，建立在短视频商业化平台运营模式基础上的这些民间乡村振兴主播，是否打着乡村振兴的话语旗号，本质上只为谋求自身的流量发展？在他们认为的乡村振兴短视频行动中，如何化解因为摆拍或过度负面呈现的乡村情境而造成公众扭曲的乡村认知，或者形成过度商业化的网红主播培育产业链？

二是主播之间同质化导致的恶性竞争，给乡村精神空间造成严重负面影响。四川民族地区网络主播的崛起有两种基本模式，一是运用短视频达成自主式日常生活记录，凭借独具特色的少数民族民俗文化生活和生态景观吸引关注，如凉山地区的网络主播"凉山孟阳""拉姆""吉克阿芮""小卓玛"等；二是由返乡人士或专门的 MCN 机构扶持、签约少数民族主播，通过较为完善的人物设定、场景设计和脚本策划，达成相对高品质的作品创作，如"阿布""卢阿英"等。然而，由于大部分自主自发拍摄短视频的少数民族网络主播文化程度不高，甚至不乏大量仍旧在完成初高中学业的学生群体，他们的短视频创作动机往往是片面而单一的，如学生群体的创作动机更多基于展示自我、模仿偶像，甚至是一种较为虚幻的网红心理和成名想象，成人网络主播则多以"养号"为目标，即通过猎奇、新奇、具有流量效应的短视频拍摄集聚粉丝社群，积累媒介资本的同时促成产业资本的转化。通过返乡群体或 MCN 机构包装的少数民族网络主播作品，虽然在拍摄质量和内容主题方面具有相对较好的标准，但仍无法脱离通过吸引公众眼球、达成注意力经济的粉丝集聚效应，以此满足乡村创业、乡村产业品牌化发展等乡村振兴的内涵要义。可见，无论怎样的动机，少数民族网络主播的创作本质动力均源于一种以成名想象为基础的流量经济模式认知，即拍摄内容完全取决于能否博得公众关注、获得平台推广并成功获得粉丝效应。在这种逐利动机的引导下，少数民族网络主播的内容更多表现为跟风模仿和过度的民俗生活表演，比如对一种偶然走红的短视频拍摄范式的群体模仿，加剧同质化内容生产之后的主播流量恶性竞争。

如"悬崖飞人 拉博"最早通过将拍摄的悬崖村视频发布于短视频平台而受到全国关注而走红。此后，多个以"悬崖村第一网红"身份建立账号的彝族主播开播，围绕谁是"悬崖村第一主播"形成了小范围的舆论争锋。还有不少流行于短视频平台的少数民族女性形象人设，其套路模式为展现女性在田间不辞辛劳地劳作，凭借女性勤劳、力气大、不怕吃苦的形象来博得关注，尤其是迎合男性审美的流量效益。并且往往场景中的农活越劳累、女性主播的穿着越污迹斑斑，越能够通过女性的反差形象强化短视频公众的观看欲望和认同感，随着短视频创作越发普及，创作内容也走向了同质的内卷趋势——女性劳作场景中的女主播一定是面容姣好、身材有型的，实际上则体现了主动自我物化为被观看对象的符号化消费过程。如"卢阿英"常常拍摄自己骑猪摔跤的场景，她姣好的面容、柔弱的形体与摔跤后的狼狈形成强烈反差；凉山少女主播"凉山孟阳"有大量在泥地间耕作、放牛的视频，满脸满身泥土的装扮却能够博得粉丝的同情与关注。缺乏创新、过度逐利带来的少数民族网络主播之间同质化的恶性竞争，甚至发展为主播之间通过相互检举揭发以摧毁对方，如"凉山孟阳"被举报身世造假、抹黑家乡建设，陷入了自证清白、越描越黑的怪圈。"卢阿英"尽管有 MCN 公司包装的勤劳美丽、力气大、胃口好的少数民族女性形象，也因为缺乏有价值的、有真正内涵意义的人设而陷入公众审美疲劳之后的粉丝增长困境。

此外，虽然部分少数民族网络主播凭借早期短视频创作的蓝海竞争红利而积累了相对雄厚的粉丝基础，但是由于早期人设的限制在短视频红利期结束并进入红海注意力竞争阶段之后，普遍面临创新型转型的困境。如"迷藏卓玛"较早通过真实展示在雪域高原挖虫草、寻藏药的短视频作品，获得了数千万粉丝关注，并且凭借具有一定民俗文化特色和女性正能量的主题连续两年获得快手"乡村幸福计划"的扶持，进一步强化了卓玛作为四川民族地区网络主播中的网红身份。但当前卓玛的视频内容显示出明显的创新乏力，为了追求粉丝流量及其附属的媒介资本，只能迎合受众对于滋补养生的大众化诉求，作品不得不在挖虫草与带货之间反复切换，不仅将乡村振兴的内涵狭隘化，而且失去了长远发展的后劲实力。

三是少数民族乡村网络主播潜在的负面代际示范效应。少数民族网络主播的崛起有其特定的客观因素，如自然生态风貌和别具一格的生活民族习惯、衣着建筑文化等，当然也离不开对少数民族元素高度认同并能够大胆尝试短视频拍摄制作的民众。这些凭借短视频积累粉丝并获取媒介资本的少数民族主播，总体上受教育程度不高，甚至有部分辍学在家，如"凉山孟阳""鬼步舞 小哈哈"等。部分成年主播的生活处境还处于相对贫困的状态，不说距离大都市的现代化生活相去甚远，也不能与我国其他农村地区，尤其是东部农村相比。这些因为短视频作品而活跃于网络社区，并且通过媒介资本的积累而逐渐建立起一定的社会资本的少数民族主播们，转而获得传统乡村意义上的"乡贤"地位——他们凭借掌握的媒介资本，可以为家乡农产品的推广销售贡献巨大的广告流量效应，甚至转而成为"老板"，成为带动当地就业和农村电商产业的先进创业典型，虽然称不上一夜暴富，但从本质上来看，这些少数民族网络主播的成名更多不是借助自身的学识素养或专业技能，而是借势于短视频平台型媒介，在国家引导和资本化运营支持下的发展红利，为传统意义上的广大普通民众提供了展示自我、积累媒介—社会资本、打破收入差距、获得平等成就机会的宝贵机遇。然而，这种跨越传统成名认知和想象的短视频红利，从另一个角度来看，可能会对下一代年轻群体的人生观和价值观产生影响，并构成对青少年认知塑造的不良示范。尤其是媒体对少数民族网络主播以网络红人甚至网络名人和家乡代言人的明星身份加以包装、宣传，而忽略了知识素养、教育水平和技能专长在人生发展过程中的持续稳定的内核动力，会给少数民族青少年造成错误的成名想象，即通过自我形象的包装，借助特定能够迎合公众关注流量的短视频内容，获得特殊的身份地位，并带来附属的财富与社会地位。这一价值观念必定加剧"读书无用论"的错误认知进一步在少数民族地区的扩散蔓延，造成少数民族地区青少年群体辍学、厌学情绪，转而专研缺乏内涵品质的流量短视频，或者尽心于对自我形象的包装上。"凉山孟阳"已拥有百万粉丝，传言其身家不凡，但仍旧保持艰苦、脏乱的农耕生活，她典型的苦情式人设让很多凉山地区的青少年竞相模仿；而作为阿坝藏族羌族自治州文旅产业代言人的"丁真"的一夜成名，加之随后媒体过度关注其相貌、突出其网红身份而无意识遮蔽其内在文化素养的造星模式宣传则更加剧了少数民族地区青少年的不良偶像示范效应。

据"今日头条"的报道，少数青年学生宁愿把买书的钱省下来而去支付一次网络直播的费用，宁愿花大把时间和网络主播谈天说地而不愿抽一个小时去和老师畅聊人生规划，更有甚者把自己的精神寄托完全放在虚拟平台上对网络主播的追星，对课堂教学和课后素养教育持排斥态度。[1] 根据针对少数民族地区青少年群体的理想调查显示，由于少数民族地区青少年受到短视频网红主播的影响，有很大一部分青少年将网络主播作为自己的理想职业，更有不少女性青少年更加陷入容貌焦虑之中，并花费更多精力于短视频美颜，试图更好地展现自己形象的流量自恋怪圈之中。由此，国

① 陈华栋，赵亮.网络直播与网络主播走红对青年学生的影响分析与思考［EB/OL］.（2020-04-07）［2023-04-10］.https://www.toutiao.com/article/6812471165580214787/.

家话语层面高度认可短视频的乡村振兴作用与价值的同时，短视频网络主播对青少年，尤其是对少数民族欠发达地区青少年的人生观、价值观引导的悖论亟须引起高度重视。

四是四川民族地区网络主播的成名逻辑与国家乡村振兴正面话语之间的内在冲突。纵观四川民族地区具有一定影响力的主播（粉丝数量在 50 万以上，并且非 MCN 机构扶持），大多为地方普通村民，甚至部分主播还处于相对不发达的生活生产状态，他们凭借自身艰苦乃至极寒的生活生态环境而受到大众关注。与此同时，从公众的注意力结构来看，少数民族主播作为乡村主播的构成部分，除了提供一种满足城市公众的乌托邦田园生活想象，少数民族网络主播还通过自身艰苦的生活环境和相对不发达的生活生产状态，建构甚至刻意强化自身弱势群体的身份地位，迎合部分公众对于四川少数民族同胞的"同情认同"。"同情认同"作为一种情感心理效应，新修辞学理论的提出者肯尼斯·博克（Kenneth Burke）将唤起人与人之间共同情感的一种认同效应称为"同情认同"（identification by sympathy），遵循"唤起情感，形成态度，诱发行动"的修辞说服逻辑①。在四川民族地区网络主播的短视频作品中，大量以女性为展示对象，通过展示女主播的农耕生活，潜在地塑造了以女主播为代表的少数民族乡村女性肯吃苦、能干活的贤淑形象，与同样活跃于短视频平台中的城市网红之间形成强烈反差，凭借苦情，甚至乞讨式的自我剥削式场景呈现，满足与城市网红的差异化公众观看需求。纵观全国少数民族网络主播的短视频作品，四川大凉山地区的少数民族网络主播形成了一套具有地方特色的典型苦情叙事范式。这种苦情叙事通过将自我置于贫困甚至于艰苦的生活环境中以博取观看的公众以同情认同的底层叙事逻辑，从信息传播的效果层面来看，也不利于美丽乡村形象的塑造，甚至会反作用于乡村形象，是与国家倡导的乡村振兴、巩固拓展脱贫攻坚成果的初衷相背离的。

① 李鑫华.博克新修辞学认同说初探［J］.外语学刊，2001（1）：54-58.

四川大凉山彝族网络主播的典型苦情视觉修辞叙事或许可以追溯到2016年，一批网络主播到凉山拍摄扶贫视频，通过假扶贫骗取真流量，最终获刑①。2020年，又有"吕先生凉山行"到凉山州美姑县，给小男孩吉克尔布拍摄视频，并刻意拍摄废弃房屋、抹脏小男孩的脸，视频中还专门拍摄主播给小男孩捐鞋子，再次骗取公众关注，后被证实为拍摄虚假视频。②而悬崖村第一网红"悬崖飞人 拉博"则是凭借展示悬崖村因贫穷偏远而依靠攀爬近乎垂直的天梯往返住处与县城的艰苦生活而获得围观，他也因为对家乡艰苦环境的展示被多次邀请参加中央电视台的节目③，这种拍摄内容持续到国家对悬崖村实施整体搬迁之后仍未改变。可以说，这种依靠卖惨乞讨式的短视频拍摄方式，虽然与纪实相去甚远，却在无形中印证了这种乞讨式视觉叙事范式的流量效应。此后，悬崖村"悬崖飞人 拉博"、在网络具有巨大争议直至被封号处理的"凉山孟阳"等主播虽然并非刻意造假，但依然无法摆脱潜在的以乞讨为底层叙事逻辑的流量路径依赖。

凉山地区较为特殊的自然地理区位因素是造成以往贫困的首要原因。但随着国家脱贫攻坚政策的实施，以及近两年精准扶贫和巩固拓展脱贫攻坚成果与乡村振兴政策的接续，凉山地区的人民已全部实现了迁新居的民生改善，并在各级政府和党员干部、专家学者服务团的合力帮扶下，初步开始了适合于地方自然生态产业发展的基础设施建设与产业升级配套建

① 黄田田.网络主播假扶贫真敛财"伪慈善"警示网络直播之乱［EB/OL］.（2016-11-09）［2023-05-09］.https://www.sohu.com/a/118477435_114731.

② 躺倒鸭.网红逼"凉山孤儿"卖惨摆拍，超10万人被骗！警方紧急介入！［EB/OL］.（2021-10-26）［2023-04-20］.https://www.163.com/dy/article/GN8IC1470511A99L.html.

③ 当上初代网红后，他最多时每月靠着直播打赏和带货能收入2万元。他在网络上的影响力使他迅速成为村里的名人，曾经被邀请到成都等大城市去做节目。至今，某色拉博的抖音账号说明里还写着"本人上过：中央电视台中央一频道，中央二频道，中央四频道，央视七频道，中央十三频道，香港TVB，在电影频道跟周迅一起做过评论，动漫微电影，（云端上的幸福）主角等"。参见：边码故事.凉山直播真相：被干预后的"贫困"奇观［EB/OL］.（2021-11-16）［2023-05-11］.https://zhuanlan.zhihu.com/p/434112402.

设。在此新的发展格局之下，凉山彝族网络主播仍旧依靠前脱贫时期的叙事逻辑，也许在转型时期还能够获得一定的流量关注，但绝对不是可持续的有效创作路径。只有真正探索建立一套符合国家主流乡村振兴话语，通过高度融入凉山彝族人文民俗特色的文化视觉修辞叙事模式，才能在短视频进入红利竞争后期阶段，凭借主播独特的自然景观、精神空间或审美价值，形成个体流量效应和国家舆论话语导向相一致的和谐发展趋势。

第三节　乡村振兴嵌入少数民族地区网络主播内容的价值逻辑

自 2020 年我国取得全面脱贫攻坚胜利以来，中共中央多次发文围绕乡村振兴进行宏观的政策配套与引导。2021 年 1 月 4 日，中共中央、国务院发布《中共中央国务院关于全面推进乡村振兴加快农业农村现代化的意见》（简称《意见》），文件明确将乡村建设摆在社会主义现代化建设的重要位置，全面推进乡村产业、人才、文化、生态、组织振兴，充分发挥农业产品供给、生态屏障、文化传承等功能，走中国特色社会主义乡村振兴道路，加快农业农村现代化，加快形成工农互促、城乡互补、协调发展、共同繁荣的新型工农城乡关系[①]。2022 年 1 月 4 日，中共中央、国务院出台《关于做好 2022 年全面推进乡村振兴重点工作的意见》，在"聚焦产业促进乡村发展"的政策举措中，明确提出"推进现代农业产业园和农业产业强镇建设……实施乡村休闲旅游提升计划……实施'数商兴农'工程，

---

① 新华社.中共中央国务院关于全面推进乡村振兴加快农业农村现代化的意见（二○二一年一月四日）［EB/OL］.（2021-02-22）［2023-05-12］. http://paper.people.com.cn/rmrb/html/2021-02/22/nw.D110000renmrb_20210222_1-03.htm.

推进电子商务进乡村。促进农副产品直播带货规范健康发展"①。这两个政策文件的出台，体现了中央对乡村振兴工作的重视，并且从具体的政策内容来看，乡村振兴在党中央的引导下正从理念方向逐渐进入实施细则和具体的路径方案。

其中，乡村文化振兴作为乡村振兴的重大方向之一，自 2021 年《意见》提出后，2022 年进一步细化到乡村文旅、乡村电商、乡村绿色农业等具体发展方向路径中，既体现了我党与时俱进、贴近民生实际的施政思想，又坚持了实践出真知，在实地调研与探索中推进政策细则、有效引导乡村建设行动方案的思想和行动引领价值。

四川民族地区作为我国乡村振兴的重要组成部分，既是国家乡村振兴政策实施的对象主体，同时又因为多民族聚居所形成的独特乡村文化风貌而具有乡村建设与治理的典型性。因此，要发挥好四川民族地区乡村振兴的作用，必须处理好大众文化、现代城市文化与少数民族地区的民俗文化之间的互融关系，以构建中华民族共同体为核心要义，探索少数民族文化特色基础上的乡村文化现代性。其中，短视频和直播媒介技术带来的平等视觉展示权利，进一步使四川少数民族村寨文化进入大众观照视野，但其中潜藏的商业资本流量逻辑，也造成了少数民族视觉景观的他者化和弱势化。当前，四川民族地区网络主播的短视频和直播作品，大部分仍旧处于为迎合大众需求、过度强调地方特色而陷入自我弱势甚至乞讨式的视觉修辞语境中。虽然这种短视频和直播的创作模式在短视频发展初期获得了一定的流量红利，也有部分主播凭借粉丝基础成功探索了一条"短视频＋直播＋电商"的产业链路径，但这种完全依托于短视频符号消费式流量带动效应的产业链根基不稳，可持续发展动力不足，也成为当前少数民族网络主播长效发展面临的困境。

---

① 新华社.中共中央 国务院关于做好2022年全面推进乡村振兴重点工作的意见［EB/OL］.（2022-02-22）［2023-05-12］. http://www.gov.cn/zhengce/2022/02/22/content_5675035.htm.

　　实际上，乡村振兴国家话语与四川民族地区短视频生产中乡村话语之间的悖论，根源于四川民族地区作为特色民族村寨与其他省市村镇在振兴过程中所面临的地理差异、文化差异，甚至思想差异。如果将四川民族地区的短视频文化放置于现代化、都市化的"一刀切"模式下，必然会忽视因地制宜的原则，导致对短视频工具价值在四川民族地区推动乡村振兴价值逻辑的片面或者错误认知。

　　首先，少数民族村镇的乡村振兴有必要立足于巩固脱贫攻坚成果和在相对贫困地区实施精准扶贫，通过培育少数民族地区村民的短视频认知的媒介素养和知识体系，提升短视频发挥因地制宜、凸显地方特色的"新农具"作用，提升少数民族主体短视频使用的内生性动力。

　　少数民族地区村镇是国家乡村振兴政策规划的重要组成部分，少数民族地区的乡村振兴具有地方特色和文化特色。四川民族地区由于历史地理等客观因素的制约，经济社会发展相对较慢。但随着改革开放以来我国城市化进程加速和城市高速发展进入平台期，城市环境污染、居住环境拥挤等城市病反过来凸显四川民族地区仍具保留少数民族生活风貌、生态地理景观的乡村乌托邦式优势。由此，强化并保护好四川民族地区的生态环境资源和传统人文民俗资源，而非以城市化、现代化的标准和眼光对其进行改造，是四川少数民族欠发达地区乡村振兴的要义。然而，必须承认和关注少数地区仍旧存在相对贫困，精准扶贫和巩固拓展脱贫攻坚成果是乡村振兴在这些地区的前提和基础。尤其是凉山地区长期以来在主流媒介话语中被建构的弱势形象，凉山部分村寨中的少数民族村民受教育程度不高，大部分村民祖辈生活在深山，收入水平低、自我素养不高，缺乏自主的内生性发展动力。由此造成了短视频作为"新农具"、直播作为"新农活"的国家导向在部分四川民族地区直接被视为致富工具，忽略了短视频使用主体内在媒介素养，以及短视频视觉注意力资源分配的市场化、奇观化逻辑。

　　可以说，当前四川民族地区短视频生产主体与国家乡村话语之间的矛盾和悖论，在很大程度上可以归因于四川民族地区网络主播自身媒介素养的缺失，导致对短视频作为"新农具"的片面认知和不良使用。因此，培育四川民族地区网络主播的媒介素养，尤其是提升其对短视频除了作为"新农具"的赢利作用、其自身的短视频创作对国家乡村振兴宏观话语的补充和协调，乃至借助短视频的媒介资本作用达成内部社会治理的认识，都是民族地区网络主播必要的媒介素养之一。比如"凉山孟阳"在短视频创作初期固然迎合了部分受众对于贫困、艰苦的乡村生活的同情认同，主播孟阳（原名阿西某某）也在创作过程中逐渐建立起勤劳、善良、为家庭甘愿牺牲的乡村新女性青年形象，但是她依然通过展示旧居的破败生活、还原实际已经逐步放弃的农耕生活来博取眼球，这必然会造成国家层面乡村振兴和各级主流媒体话语的矛盾冲突，也体现了以孟阳（阿西某某）为代表的一批少数民族网络主播在初步积累粉丝流量红利之后，在媒介素养方面的捉襟见肘，以及对短视频平台媒介之社会传播意义的认知欠缺。

因此，可以由村干部或地方政府主动介入，充分重视并有效引导具有一定流量粉丝基础的地方网络主播转型，采取合作研发策划作品、探索地方产业链宣传推广、协助对接更多的产业资源、提供更为优质的创作拍摄技术团队指导、帮扶地方网络主播转型、发展，积极配合国家层面乡村振兴和精准脱贫的国家方针政策，充分发挥建立地方网络主播作为展示少数民族地区巩固拓展脱贫攻坚成果、实现精准脱贫成效的有益窗口。或通过相关的技术指导、专业的内容编创，细致打磨、钻研符合地方少数民族网络主播身份与人设的作品内容情节，提升主播自身的政治站位和思想文化素质，尤其是对短视频媒介的社会功能认知，帮助其制定更为长远的作品风格定位和主播身份气质，将其作为传播地方文化、带动地方产业推广宣传的名片之一。

其次，有必要厘清并审视短视频的工具价值对四川民族地区精准扶贫和乡村振兴的驱动逻辑和长效思路，深入探索化解以短视频为代表的平台资本主义运营与地方协作模式的矛盾，倡导少数民族地区短视频生产的组织性和规划性。短视频虽然已经彰显了其超越单纯信息传播媒介的社会化渠道价值，但是正因为融合了上游的互联网运营、中游的平台整合与信息分发机构组织、下游的网民大众，决定了短视频受到政策环境下意识形态、商业资本、民众自我价值诉求等多元因素的影响，塑造了其自身相对复杂的价值生态。国家当前强调短视频作为"新农具"、直播作为"新农活"对乡村民众现代化农业主体身份和生活环境的改良价值。但当短视频进入作为使用主体的公众手中，短视频的工具价值更为直观地被理解为借助流量变现的获利工具，因此才会出现四川凉山地区自 2016 年至 2022 年反复多次被一些主播恶意利用，并借助造假、抹黑式伪慈善赢利的违法行径。然而除了这些突破互联网法律底线的主体，也有不少将短视频作为赢利工具，丝毫不顾及媒介社会责任、不惜打着造假擦边球的主播，通过摆拍、选择性取景等方式故意呈现或放大贫困，博取同情。导致短视频在下游公众使用层面发生价值偏移、过度逐利或追求流量的原因固然有使用主体本身的素养问题，但也与平台内部商业化运营，尤其是在信息推送的算法机制方面缺乏社会责任维度、将市场利益置于首位有重要关系。

由此，从短视频媒介平台的角度而言，如何丰富短视频"新农具"、直播"新农活"在金钱利益之外的多元价值，有待于平台自身自上而下发挥基础引导作用，逐渐改善将短视频作为赢利工具的短视行为。因此，短视频对于四川民族欠发达地区的网络主播而言固然是"新农具"，但如何更好地帮助当地少数民族同胞因地制宜、创作出有特色、有文化内涵、有思想底蕴的作品，是当前发挥短视频"新农具"价值的重要前提。

其一，短视频平台有必要调整优化信息推送的算法机制，尤其重在引入主流思想维度、社会责任维度、生态美学维度和文化历史维度的多元价值算法推送机制，重点治理抹黑、乞讨式内容的同质化作品在短视频平台中的分发问题。当然，在算法作为机器运算无法对部分细节内容加以处理的考量下，可以加大人工筛选的力度，在相关标签的短视频内容中引导相对欠发达地区主播创作正面内涵的内容。

其二，充分认识并发挥短视频平台作为社会化媒介的上下联通作用，充分探索并发挥短视频平台型媒介与地方社会治理、社会建设相互嵌入的媒介化赋能机制与路径模式。一方面积极响应国家的"三农政策"及相关实施细则的发展与方向，通过设计策划流量扶持、技能培育等企业活动方案，做好整合式宣传推广相关方针政策，发挥国家政策落地、公众认知的信息传播渠道和价值引领作用；另一方面，对于符合国家政策导向、在乡村振兴中起到正向带头作用的少数民族网络主播，可通过重点帮扶、重点培育，协助其对接相关的政府和产业部门，采取电商合作、地方形象代言等方式，统合地方网络主播、当地政府宣传等部门、地方相关优势农副产业，强化短视频平台的社会责任价值、社会服务功能。

其三，针对乡村主播中少数民族身份的网络主播，短视频平台应充分考量少数民族地区的社会经济、自然生态、人文历史发展的阶段性状况和趋势，避免国家乡村振兴政策借助短视频平台在探索落实过程中的"一刀切"评价标准。我国少数民族村镇，尤其是西部少数民族村寨，虽然同属于国家乡村振兴的重要范畴，但是从区位优势、历史发展轨迹等方面而言，包括四川在内的西部少数民族地区仍旧存在相对贫困的状况。相较于发达省市村镇的乡村振兴、产业兴旺而言，西部少数民族地区产业资源相对匮乏，长期处于较为分散的农业生产组织状态，甚至部分少数民族村寨生态地理环境恶劣，因病返贫、因病致贫等现象普遍存在。因此，在精准扶贫或巩固拓展脱贫攻坚成果更适合四川等西部少数民族地区发展实际的情况下，短视频平台应该将适合少数民族发展实际的短视频帮扶政策纳入区域发展战略中，因地制宜地设置专门的特色内容奖励扶持机制或针对少数民族地区文化产业、历史人文、自然风光等类别的短视频作品举办赛事，通过奖罚分明的媒介运作机制鼓励并动员更多的少数民族公众参与到短视频创作中，形成挖掘、记录民俗历史或生态自然景观等具有创新性的短视频作品，严厉打击通过造假骗取流量、夸大地方贫困现状，甚至通过迎合公众猎奇口味消费少数民族并将其他者化的不良创作行为。真正发挥并引导少数民族网络主播通过短视频创作展示家乡自然生态风貌、人文风情，讲述民族融合与家乡巨变的影像故事，鼓励其优先发展旅游观光、绿色农产品电商和文旅产业。

再次，动员多元主体参与四川民族地区网络主播短视频生产的创新创意，集思广益，借助并发挥短视频为主导的社会化媒介工具价值，从精准扶贫迈向乡村振兴，提升短视频在呈现少数民族人文和自然景观中的美学价值、生态价值和人文理念。无论是发达省市的现代化乡村、数字乡村，还是西部民族地区的欠发达村镇，其人文内涵的复兴、乡村社会经济的复苏式发展都离不开人作为核心的能动性参与与决策设计。近十年，在国家城市化进程的发展推动下，乡村青壮年劳动力的流失、乡村留守等问题日渐凸显。而四川民族地区存在大量相对欠发达的村镇，青壮年外出务工成为常态，甚至有一些偏远且相对贫困的山区青少年，在家庭无力负担学费的情况下不得不辍学外出务工，整体呈现出人才流失、乡村内在精神空间凋敝的现象。在此背景下，部分年轻返乡青年或有过在外打工经历的村民成为最早利用短视频获得媒介流量红利的主体。但他们局限于视短视频为赢利工具，或者依靠乞讨式展示获得打赏的叙事逻辑，不仅与国家"乡村振兴"话语相悖，而且其获得的流量价值迟早会面临审美疲劳之后的转型困境。

近几年，国家推行脱贫攻坚政策，尤其是 2020 年，在全面实现脱贫转而实施乡村振兴的政策引导下，乡村以及乡村所蕴含的传统价值、人文伦理和民俗文化历史再次受到全国上下的广泛关注。重新发掘乡村的文化产业价值，塑造乡村的精神文化内涵，再次认知乡村在国家经济建设发展过程中的重要作用，使得乡村再次进入公众视野并被广泛关注。其中，短视频的影像展示对于乡村价值的再发现具有重要作用，而短视频的使用主体则成为主导并发挥短视频再现乡村文化、重构乡村价值、赋能乡村产业发展的核心力量。

由此，一方面，四川少数民族村镇的发展要想更好地借助并发挥短视频的赋能作用，离不开短视频使用主体的广泛参与和积极探索。只有充分调动并发挥少数民族地区民众自觉使用短视频记录美好生活、展现乡村巨变等正能量影像的能力，才能够在注意力高度稀缺的当下，获得一定的流量关注并积累媒介资本，筑牢资本转化的根基；另一方面，短视频作品的质量在很大程度上与创作者的媒介素养和知识素养分不开，而在当前四川民族地区地方民众受教育程度并不高、媒介素养存在一定短板的现状下，通过地方民众参与短视频生产，必然会存在作品质量和效果的限制。因此，有必要在拓展短视频地方主播或使用主体的基础上，纳入返乡青年、乡贤、政府部门相关领导和工作人员、地方艺术家等群体，充分发挥他们在各个领域的专业特长，为少数民族地区短视频创作提供更为多元立体的创新方案和思路设计，打破当前短视频中少数民族乡村叙事难逃穷、苦、难的创作困境，提升少数民族短视频创作的文化内涵、美学价值。如贵州省黔东南苗族侗族自治州黎平县尚重镇盖宝村纪委书记吴玉圣发现短视频平台的媒介潜力后，包装并打造了拥有百万粉丝的"侗族七仙女"少数民族短视频账号，甘孜州文旅局局长刘洪开设并亲自打造以自身为展示对象的短视频账号，调动并整合多元力量，成为展示当地民俗文化、自然风光的重要名片，对推动当地文旅产业发展起到了不可忽视的作用。阿坝州政府部门、相关文旅单位主动参与策划并包装、打造"丁真"网红名片，取得良好的效果，但在后期如何维护网红形象、进一步挖掘并发挥少数民族网红的代言价值和示范效应，是当地相关部门的当务之急。

综上，摸清四川民族地区的文化产业生态等各方面发展现状，进一步发挥短视频赋能少数民族地区的推广展示和产业整合价值，调动动员各类人员群体参与地方相关内涵的短视频创作和创意策划和功能拓展中，通过以上三方面的决策路径能够在一定程度上改善当前少数民族网络主播话语形态单一、个体与国家话语悖论、话语转型困境等问题，可有效保障短视频赋能四川民族地区的工具价值得到更好、更具持续性的价值赋能作用。

第三章

乡村振兴背景下四川民族地区网络主播的媒体互动实践

　　借助于短视频平台所提供的媒介场域，少数民族网络主播能够实现依托于特定内容展示基础上的媒介资本积累乃至媒介资本的变现。由此，少数民族网络主播的短视频生产作为一种数字化劳动，将短视频的创作视为"新农活"，完成了从村民身份向数字劳动者身份的转换。在这一数字劳动中，短视频的社交属性可以说是搭建其平台化媒介场域价值、达成媒介从单一的信息传输形态向产业资本形态转换的核心动力。在短视频平台的产业生态中，上游的带货产品、中游的内容生产者即网络主播、下游的广大网民，依托于短视频作为支撑的平台，构成了完整的产业生态。随着短视频平台媒介对算法技术的操纵与控制，短视频平台在这一产业生态中的潜在影响不容忽视。此外，随着网络主播凭借特定内容形成的粉丝流量资源作为媒介资本的影响力转化链条逐步完善，网络主播超越了单纯商品带货的媒介资本转换受益者角色，尤其当粉丝流量积累到一定程度时，更具备了一定的舆论影响力，能够潜在影响甚至主导以粉丝为主的公众认知。由此，本章聚焦短视频平台所搭建的媒介场域，通过关注参与其中的四大主体（国家、主播、平台技术、商品产业）之间的博弈机制，还原四川民族地区网络主播依托于短视频生产而达成的媒介互动实践。通过对抽样对象的民族志研究，借助深度访谈和参与式观察等方法，对代表性少数民族网络主播围绕带货、文化传承等以乡村振兴为内容的媒介互动实践程序、内容与关系建构等方面展开深描。

第一节　四川民族地区网络主播的
自我呈现与乡村图景关系建构

随着短视频越发得到少数民族村民的认可，尤其是在出现了数个凭借短视频内容生产而成功致富的典型网络主播之后，少数民族地区的村民越来越多地参与到短视频的拍摄队伍中，由此出现了一系列问题：少数民族网络主播如何看待以短视频为媒介的社会生活方式？少数民族网络主播的短视频实践与他们的日常生活关系如何？或者说，少数民族网络主播拍摄短视频如何介入并融入其原本的日常生活，是否带来了生活方式的变革？也就是说，短视频作为一个真正的媒介化对象，已经深刻融入少数民族村落的社群生活之中，它不仅仅是媒介，而且潜在地通过认知的影响改变少数民族个体的自我认同与社群认同，最终重塑生活方式。因此，以四川民族地区网络主播为例，通过网络民族志观察与访谈，详细了解短视频对少数民族个体认知以及社群关系、社会生活环境等方面的影响。

媒介认知与媒介观念一直是现代传播研究中的重要概念，受众使用何种媒介，如何使用媒介及采纳媒介传播中的何种信息，都与媒介观念相关[①]。本节以四川民族地区网络主播的短视频使用为例，通过问卷调查与民族志研究方法，对相关网络主播进行深度访谈，考察主播们如何使用短视频、如何通过短视频信息的生产介入乡村振兴话语体系。

本次问卷设计参考施罗德提出的用户对新闻媒介"价值"（worthwhileness）选择的 7 个标准，分别为：1. 时间价值（time spent）；2. 社会联系（public connection）；3. 规范压力（normative pressure）；4. 参与潜质（participatory potential）；5. 价格（price）；6. 技术吸引（technological appeal）；7. 情景

---

① 卜卫.传播学思辨研究论［J］.国际新闻界，1996（5）：5.

适切（situational fit）。^①其中，时间价值包括了主播投入短视频创作中的时间，以及对所投入时间产生回报的价值感知；社会联系，是指短视频的使用是否加强了主播们与社会之间的联系，包括是否更加关注时事，了解国内外发展趋势，以及是否拓展了自己的社交圈；规范压力原本是指向周围人群的态度对使用者造成的压力，在本研究中调整为他人认同^②，并且参照媒介用户体验（user experience，UX）的相关研究文献，将其中的情感体验纳入此维度；参与潜质是指用户通过转发、评论等行为达成深度媒介参与的体验感，在本调研中，主要考察少数民族网络主播的社群维护、强化主播自身粉丝效应的手段；技术吸引是指用户基于媒介技术而产生的认知态度，在本调研中主要围绕四川民族地区主播对短视频算法技术和视频内容制作技术的认知；情景适切在本调研中调整为短视频使用所带来现实生活的改变，包括人际关系、生活品质等（见表1）。

表1　四川民族地区网络主播的短视频媒介认知问卷调研维度

认知维度	变量	问卷表述
时间价值	拍摄耗时	短视频内容创作所耗费的时间
	媒介使用耗时	平均每日使用短视频的时长
	耗时价值感知	短视频整体耗时带来的价值感知
他人认同	短视频接纳程度	我的短视频内容很受网民的喜爱 我善于通过内容创作扩大我的粉丝社群规模 借助主播的粉丝效应能够很好地推广销售相关产品

---

① SCHRØDER K C. News Media Old and New [J]. Journalism Studies, 2015, 16 (1): 60-78.

② 施罗德提出的"规范价值"在本研究中适用于"他人认同"，即通过主播内容创作与传播达成的一种反馈并施加于主播对媒介认知的一种影响因素。参见：喻国明，曲慧.媒介认知：社会性偏向及影响性因素研究——基于"全民媒介使用与媒介观调查"的实证分析 [J].媒体融合新观察，2020(3): 11.

续表

认知维度	变量	问卷表述
技术吸引	短视频中的技术使用	我非常擅长使用短视频媒介中提供的视觉呈现技术 我能很快掌握短视频媒介提供的拍摄技术功能 我非常喜欢探索满足短视频内容呈现的拍摄技术 短视频媒介中的技术能够提升短视频内容展示效果
	短视频中的技术感知	我非常清楚短视频内容推送中存在的算法技术 我擅长于根据短视频算法推送模型预估拍摄内容 我非常认同短视频依靠算法模型的智能分发模式
情景适切	短视频的情境建构	短视频的创作传播优化了我的生活环境 短视频的创作传播丰富了我的社会认知 短视频为主播提供了更为广阔的事业发展舞台
	短视频赋能社交关系	短视频建立了主播与更多组织结构的联系 短视频扩大了主播的社交关系网络
	短视频的情感体验	我很感激短视频提供的平台 短视频创作赋予我更加愉悦的生活体验 依托短视频的粉丝社群为我提供了丰富的情感支持

经过初步的问卷调查，四川民族地区网络主播对短视频的感知主要体现在情感和社交关系体验方面。根据问卷调查结果以及对四川民族地区网络主播的网络民族志观察来看，早期开设的短视频账号，往往以纯粹的自我生活记录为主，凭借早期短视频平台在乡村发展的蓝海和流量红利，早期开设短视频账号的少数民族网络主播在积累粉丝的过程中不断摸索出了自己的短视频创作风格，尤其是以真实记录自我生活状态和间接呈现少数民族地区自然生态风貌的短视频主播，构成了较早一批短视频主播的典型风格形态。但随着加入短视频的少数民族主体增多，同质竞争白热化，导致了更多采用日常记录方式的主播往往处于流量推送的末端，逐渐在短视频使用主体猛增的红海竞争趋势中处于被遮蔽的态势。这一时期的少数民族网络主播，除了头部网络主播，大部分的粉丝数量积累是缓慢的，只有

凭借特殊的甚至是偶然的、具有事件性意义的短视频内容突然进入公众关注视线，进而凭借社交网络推广转发，实现粉丝数量大幅增长，才能使得竞争白热化阶段的短视频主播脱颖而出，如"悬崖飞人 拉博"对家乡悬崖村的直播帮助其成为网红主播，而借助偶然事件成名之后的他必然面对自我身份定位不清晰、缺乏自身特色内容创作与可持续输出等带来的不可持续危机。

从当前形成的四川民族地区网络主播规模、质量和分布综合测评情况来看，四川民族地区网络主播明显形成长尾效应，即头部的网络主播享有绝对多数的粉丝流量资源，而粉丝量在 10 万以下，甚至更少的网络主播数量庞大，且人数还在增长之中。

第二节 四川民族地区网络主播媒介互动实践中的产业链生成

短视频的社交媒体属性为其作为平台型媒介的场域地位奠定了基础。随着短视频算法推动机制的完善和越来越清晰的网络主播内容生产与媒介资本之间互换模式的形成，短视频平台越发成为算法技术驱动下的产业集成——借助于短视频内容生产的任一主体，都有相对均等的机会实现以自我为中心的产业链建构，凭借特定内容主导下的粉丝集聚效应，形成流量累积，并在商品带货的过程中进一步将积累的流量变现。因此，如何打造网络主播的身份认同，凭借短视频内容生产提升网络主播在短视频互动实践中的粉丝集聚效应，成为整个短视频产业链建构的关键环节，也是个体参与短视频互动实践、凝聚认同的重要步骤。

通过对当前活跃于抖音、快手和视频号三大主流短视频平台的网络民族志观察发现，四川民族地区网络主播账号的维护经历了从最初期的探索阶段到中期的模式化同质发展阶段，再到当前随着短视频流量红利消失、竞争白热化趋势下，主播公司化运作的新阶段。这一过程呈现出越发产业化、模式化的发展趋势，网络主播也在流量竞争的白热化发展过程中越发商品化，尤其是在媒介资本变现模式诱惑下越发呈现出自我符号化的消费主义趋势。

当然，四川民族地区网络主播的自我商品化和消费主义发展趋势并非孤例，而是在整体短视频平台资本化运营的核心逻辑影响下被迫形成的趋势。然而，少数民族网络主播又具有不同于其他主播的独特发展特征和内容生产以及流量变现逻辑。因此，通过考察在短视频平台整体资本化运营转向背景下四川民族地区网络主播的发展进程与转型趋势，可以呈现以四川藏、羌、彝三大少数民族为代表的少数民族群体，如何在以短视频为代表的媒介化社会转型背景下，实现以自我为中心式社会参与中的自我价值认知，以及在城乡二元关系背景下的自我形象塑造与关系重构。

一、短视频平台驱动产业链集成的内在结构与策略

短视频平台化运营模式兴起于 2016 年，以新闻类短视频平台梨视频、视频类自媒体平台秒拍等为首，逐步吸引了学界对于短视频平台化发展趋势的关注①。短视频从最初的信息传播媒介发展为整合人、产业、资源的平台型媒介，极大地拓展了传统媒介的认知与价值空间，使得媒介不仅发挥着信息传递、形象展示的渠道作用，更深刻介入社会结构网络，甚至凭借其物质性的生成建构社会网络结构，并潜在引导社会网络主体的基于认知、态度、行为的转变，最终达成社会结构意义上的行动者网络的人—技术多主体平等互动的格局。

---

① 关于短视频平台化发展的讨论，首先于2016年得到关注，于2017年成为焦点。参见：姬德强，杜学志.短视频平台：交往的新常态与规制的新可能［J］.电视研究，2017（12）：33-36.

吕鹏，王明漩.短视频平台的互联网治理：问题及对策［J］.新闻记者，2018（3）：74-78.

　　短视频作为社会化媒介的价值逻辑，在于广大用户作为信息生产者向社会公众提供信息并吸引其注意力。而注意力资源一方面可转换为短视频个体用户的媒介资本，另一方面也成为短视频平台的用户资源，推动更具创意的短视频使用。相较于传统媒体将接收信息的受众作为注意力资源并转化为媒介资本和社会资本，短视频平台则作为孵化无数个可以吸引注意力资源的自媒体载体，通过整合、管理这些自媒体的信息发布资源，围绕信息资源优先推送等级、自媒体信息曝光度控制、信息推送的用户匹配等内部运作机制潜在达成对自媒体信息生产导向的引导乃至以控制市场用户偏好大数据资源为基础的信息分发与匹配机制，跨平台资源整合与数据共享的产业运作机制等，最终凭借广泛的用户市场及其衍生的大数据、流量等资本越发深刻地嵌入社会建设与社会治理的内部，借助日常化渗透的议程设置能力成为辅助主流媒体或与主流合作传播主流思想价值的重要舆论引导阵地。

　　其中，农村市场是中国媒介资本市场的一片蓝海。在三大短视频平台运营商中，快手不仅最早将市场定位于中国乡村，并且通过组织、策划、培育等方式调动并动员了大批乡村网络主播参与短视频创作，掀起了短视频在中国的大众化普及浪潮。短视频平台型媒介对我国包括少数民族村镇在内的乡村地区的赋能主要体现在三个方面：孵化乡村自媒体，促成乡村主播信息与潜在受众市场之间的匹配，即信息精准分发，以及乡村产业资源的平台推广与合作技术架构，最终达成作为媒介平台衔接乡村人、受众、产业的社会结构逻辑。

　　首先，短视频媒介的平台性价值体现在对包括少数民族村寨在内的乡村主体的参与动员与用户主体身份的赋能。尤其重要的意义在于，以快手为代表的短视频平台的大众化普及不仅仅着眼于接收对象的普及，而是使用主体包括乡村在内的大众化普及。并且，普及的内涵也不仅仅在于信息生产本身，而在于一种主体的赋权。可以说，正是以快手为首的短视频平台拓展乡村市场、动员并培育乡村短视频创作主体，才逐渐打开并洞悉了短视频作为平台型媒介的主体赋能价值，而这种将被遮蔽的广大乡村图景加以大众化、广泛化、多元化展示的主体能动性，又反过来推动短视频平台将直播带货、电商运营、文旅产业推广等更为广泛的产业资本价值加以挖掘，塑造了当前短视频平台的媒介化社会—产业集成结构空间。

其次，短视频的平台性价值体现在基于用户偏好大数据的精准信息推送，以及提升注意力资源变现效率的分发机制。最早由"今日头条"创设的基于用户画像和偏好的信息分发机制，随着媒介技术的进步得到进一步优化完善的同时也被更为广泛地运用于短视频平台这一当前高度普及化的媒介之中，并起到了非常直观的媒介化效果——基于用户画像和偏好的短视频信息分发，一方面，强化了短视频用户的黏性和使用时长，进一步加剧了短视频社会化媒介特性介入个体日常生活的具身性作用，甚至潜在地影响主体的认知、态度、情感和行为；另一方面，基于用户偏好的信息精准分发机制能够在一定程度上影响甚至主导短视频创作主体的信息生产方向，强化其通过标签、关键词等方式达成潜在的信息舆论引导和议程控制。而从整个短视频平台的用户角度而言，信息的精准分发更意味着创作主体的信息能够促成信息生产的用户感知导向，进而满足用户的精准需求，从而提高其媒介资本变现的效率。

再次，短视频的平台性结构能力还体现在跨平台资源整合与数据共享、一站式跨平台产销场景一体化的云功能拓展。短视频平台型媒介的首要资本固然是用户主体的广泛性，但在此基础上，短视频媒介的平台性价值从跨平台资源整合的横向拓展方面实现了立足本身的信息生产与分发基础上的电商、文旅网络场景云平台的建设。比如在快手、抖音等短视频平台可以获取的用户画像、偏好信息，能够作为与淘宝、京东等电商消费平台和爱彼迎、携程、驴妈妈等游宿媒介平台之间的共享资源，为用户提供以短视频作为场景展示、引流为前端，商品链接与场景化消费为中端，电子支付和银行消费贷款为末端的全流程一体化产销云平台。

二、短视频平台可供性价值延展

美国生态心理学家詹姆斯·吉布森提出的媒介"可供性"（affordance）概念，揭示了环境中可获得的行动可能性，用于解释主体与环境的对应关系。① 随着媒介技术的发展，尤其是以短视频为主的视觉影像信息媒介，借助手机等移动终端设备对使用主体的具身交互体验，加剧了媒介化的人—技术互嵌过程。由此，可供性理论在适配中，环境在社会现实媒介化转型的背景下更显著地被感知为媒介（化）环境，并延伸出媒介可供性的概念，即关注传播技术（尤其是新媒体技术）所提供的人们开展行动的可能性，强调一种理解人与媒介技术之间交互关系的视角。② 媒介可供性的概念可以解释短视频平台化发展并深刻嵌入社会结构内部、拓展其物质性内涵的发展轨迹。

短视频区别于传统媒体的可供性价值主要体现在"信息生产的可供性（production affordances）、社交可供性（social affordances）和移动可供性（mobile affordances）"③ 三方面。由此，从四川民族地区网络主播的短视频媒体实践现象视角出发，反观短视频对少数民族乡村主体的赋能作用和平台性意义，可根据此三重可供性特征加以诠释。

一是信息生产的可供性。毫无疑问，快手公司总裁薛苏在创办初期定位的乡村市场战略，使快手崛起并形成与抖音一并成为中国短视频市场的头部平台。而快手的市场定位之所以能够快速落地实施，更重要的是形成

① 孙凝翔，韩松."可供性"：译名之辩与范式／概念之变［J］.国际新闻界，2020，42（9）：122-141.
② EVANS S K，PEARCE K E，VITAK J，et al. Explicating Affordances：A Conceptual Framework for Understanding Affordances in Communication Research［J］.Journal of Computer-Mediated Communication，2017，22（1）：35-52.
③ 潘忠党，刘于思.以何为"新"？"新媒体"话语中的权力陷阱与研究者的理论自省——潘忠党教授访谈录［J］.新闻与传播评论辑刊，2017（1）：2-19.

了显著的主体动员效应，得到了广大乡村主体的响应。其中，李子柒作为乡村短视频主播，在2018—2019年伴随短视频平台化发展步伐迅速进入公众视野，由此拉开了乡村网络主播与短视频平台之间相互成就的媒介化进程。"李子柒""张同学"等乡村网络主播的走红，驱动了MCN运营、"短视频＋主流价值搭车传播"等多种模式，不断拓展短视频的平台可供性空间。

四川民族地区网络主播也多立足于少数民族村寨的地方语境，形成了"少数民族文化＋乡土传播"的独特短视频信息生产主体类型。短视频的技术可供性为少数民族主体提供了展示自我与生态景观空间的渠道与技术媒介，将大量处于遮蔽状态的少数民族村寨文化景观去蔽，尤其是大量原本处于社会弱势空间中的个体，凭短视频信息生产，不仅得以向公众呈现传统媒体所忽略的空间、场景，而且通过渠道构建以公众注意力为核心的可交换价值资源，驱动少数民族网络主播以短视频信息生产为纽带的地方发展良性循环。短视频为少数民族网络主播提供以信息生产为基础的价值赋能，吸引着更多的主播加入，又形成了更为客观的地方生态文化等视觉元素的生产和传播，强化着短视频信息生产可供性的媒介化环境赋能作用。

以四川民族地区网络主播为例，其数量的增长呈现出显著的阶段式发展历程——最早的少数民族网络主播，如"卢阿英""凉山孟阳"等，其信息生产的内容主要还是依托于当时以"李子柒"为代表的一批乡村主播的信息生产方式；此后，在2019—2020年，MCN机构运作下的短视频生产进一步刺激少数民族网络主播注册并加入短视频信息生产中，其中不乏由MCN公司拍摄培育的少数民族网络主播，如"小卓玛""阿布"等；2022年，短视频在保持连续3年的用户数量和使用时长双高增长态势后，进入红海竞争阶段。而此时，少数民族网络主播中出现了大量在信息生产内容和方式上勇于创新的个体，如凉山主播"吉克阿芮"等，还有一位少年主播"凉山小鹰"，他将自费购买的无人机用于家乡短视频的拍摄之中，在当时数量众多的新加入的少数民族网络主播中脱颖而出，除了创造性地运用无人机展示大凉山地区的自然生态风貌，他也不同于其他主播的常规信息生产模式，精心钻研影视剪辑和画面艺术，在内容生产方面向着精细化生产和艺术化加工的方向深耕影像技艺。

二是社交可供性。短视频等平台型媒介超越传统媒介的最大优势在于资源之间的链接，而链接的核心则离不开基于用户主体之间的泛社交关系网络的建立。借助短视频平台建立社会网络的路径主要体现在生产提供独创性的影像内容信息，满足用户认知、娱乐或情感等各方面不同需求，并基于差异化的用户群体建立以主播为中心，跨越地域、性别、年龄等多个层面的趣缘社群。在此社群内部，存在由强到弱不同程度的关系网络，而主播除了通过常态化、主题性的短视频信息维持社群稳定，还需借助直播、发起线下或线上活动、提供福利等各种方式与策划，不定期地维护关系网络的亲密性，强化塑造自身作为关系网络中心的联结价值。短视频平台型功能的拓展为主播中心的社交关系网络建立提供了便捷的基础条件。关注、点赞、私信等功能满足主播强化并拓展泛社会关系网络的诉求；直播间中刷礼物、下单等也是主播维护、增进粉丝关系的渠道。由此，短视频平台丰富多元、常态化的社交链接功能，极大地拓展了主播的社会网络，为其积累媒介资本并实现资源变现奠定了粉丝基础。可以说，当前短视频平台孵化的网络主播之所以具有强大的资源变现能力，源于其借助短视频以"链接"为核心的社交网络关系建构渠道功能。

除了以网络主播为中心、对其内容感兴趣并形成相对稳定的社群圈层，围绕网络主播粉丝社群圈层内的趣缘群体之间也形成了互动交流的话语空间，这意味着原本以平台为社群圈层的生态进一步裂变为以网络主播多元主体为平台的原子化社群，这也标志着短视频媒介的平台化属性除了赋权个体的信息生产，还拓展了社群生态的细分可能。一个具有百万级甚至千万级粉丝量的短视频网络主播的社群、话语舆论导向以及社群内部基于趣缘而产生的交互关系网络对现实社会关系的嵌入与建构作用不容小觑。

三是移动可供性。短视频的移动可供性主要体现在移动环境下对影像画面的自主性接收。随着通信网络等基础设施建设在我国的完善与普及，短视频依托于影像画面的传输不受时间和空间的限制——由此带来了短视频平台性媒介移动可供性价值属性的两重维度：首先，从影像信息生产主体的角度，即信息传播者的角度而言，短视频提供了任一个体将手机作为工具记录自我或自我所见的可能性，由此打破了影像信息生产对于公众的专业技术限制，尤其是智能手机媒介在摄像功能技术方面的技术发展，以及快手和抖音等短视频平台不断优化影像拍摄友好界面和技能工具，使得原本需要专业设备，甚至要求多个部门配合才能完成的影像生产面向广大没有任何影像专业技能的公众友好开放，极大地拓展了影像信息生产的主体范围。

其次，从影像信息接收的角度而言，随着短视频为载体的记录对象空间边界的巨大拓展，这些数量巨大、包含个性化创新价值、赋予万物皆可传播意义的影像对于接收者而言，无异于提供了高度贴近日常生活又超越主体身体功能所能"看"的"准现实空间"。而短视频基于手机移动终端的随时观看特性，潜在地形成了代替人身心功能的具身媒介。日常生活中的高度沉浸式观看，接收主体从注意力到行为的具身性投入，都体现了短视频移动可供性物质内涵下从介入社会生态环境、建构媒介化环境，进而潜移默化深刻改变从感知到行为的主体可能性，即詹姆斯·吉布森所言的媒介"可供性"中媒介技术生态与主体之间的互构关系。

此外，基于共情的媒介可供性也成为媒介平台型发展对于主体赋能的重要切入视角。已有大量相关研究证实互联网可以支持共情，甚至可以促进共情。[①] "虚拟现实因其沉浸、在场、交互、超现实的技术可供性促

---

① CAPLAN S E, TURNER J S. Bringing theory to research on computer-mediated comforting communication [J]. Computers in Human Behavior, 2007, 23(2): 985-998.

发情感可供性。"[①] 情感作为与人类认知密切相关的心智属性，在近来的研究中越发证实其在一定条件下影响甚至主导人类认知的重要机能[②]。因此，短视频凭借声画全感官媒介的信息生产与传授，建构起沉浸式的媒介体验场域，而情感成为既强化主体的沉浸效果，又通过情感沉浸的媒介环境而影响主体认知—行为改变的可供性生态。随着短视频的平台化发展走向深入，情感作为一种重要的因素被自觉运用于自媒体影像生产之中，而短视频本身凭借短、平、快的影像叙事特性，也需要借助影像内在的情感张力，在较短的叙事时空中形成观看接收主体的身心沉浸和感知动员。由此，短视频在近年来逐渐发展出将音乐、特效或情节互动设计融入其中的创作手法，旨在调动或形成情绪抚慰、情感共鸣效果的短视频影像。情感，尤其是能够借助全感官的媒介生产促成基于共情—认知态度—行为的在线亲密关系，并推动主播中心制下的社群关系发展，体现了短视频声音＋动态影像全感官传播媒介属性下达成的情感可供性媒介体验空间。

短视频全感官信息体验的最终效果在一定程度上落脚于以情感为中心的主体认知、态度和行为影响，比如从抽象虚拟的粉丝关系发展为常态化关注、浏览的"拟亲密关系"，或者作为短视频内容创作者，短视频创作本身以及由短视频拓展的社群网络关系，赋予短视频创作者将短视频作为常态化创作工具，进而融入日常生活的情感基础，甚至在一定意义上，短视频创作及其带来的媒介资本，形成了情感交互的场域，潜在地重塑了创作主体、使用主体的主体身份和自我认知。

---

① SHIN D-H. The Role of Affordance in the Experience of Virtual Reality Learning：Technological and Affective Affordances in Virtual Reality［J］.Telematics and Informatics，2017，34（8）: 1826-1836.

② LAZARUS R S. On the primacy of affect［J］.American Psychologist，1984，39（2）: 124-129.

三、四川民族地区网络主播借助短视频平台构建产业链的三种典型模式

少数民族网络主播的短视频使用，一方面无法脱离短视频平台型媒介的社会—产业结构支撑，也从本质上基于短视频的可供性基础；另一方面，基于少数民族网络主播主体自身身份和文化的特殊性，其既个性化又具有高度社会功能化，甚至蕴含意识形态话语价值的短视频创作被赋予了更为复杂且丰富的内涵。以四川民族地区网络主播为例的网络民族志观察调研发现，相对成熟的四川民族地区网络主播往往立足于少数民族村镇的地方特色资源，并努力通过短视频促成更为多元的"短视频＋"自主产业形态，积极探索以短视频粉丝量为基础的流量资源，拓展更为广泛、创新性的媒介资本变现路径。根据不同的粉丝数量基础和短视频内容类型差异，四川民族地区网络主播的平台产业模式主要有以下三种。

（1）短视频引流＋直播带货

网络主播通过特色化、个性化的内容生产，逐步形成自身品牌，在粉丝关注基础上形成一定的流量效应，由此带来显著的广告效应。当前具备一定粉丝量的网络主播都会凭借粉丝流量带来的媒介资本，在短视频内容中嵌入广告，完成注意力资源的"二次售卖"。而短视频中另一大媒介资本变现的功能为网络直播，并且近年来随着网红直播带货走红后，直播带货越发成为短视频电子商务平台功能拓展的阵地，这种基于趣缘社群的直播带货方式与主播的个人身份特色乃至人格魅力建立的商品背书具有直接关系。

短视频或直播带货的广告模式与传统电视媒体的广告运营或电视购物有着一致的逻辑，均是将媒体的注意力资源作为资本面向广告商的二次售卖，但短视频和主播带货的广告行为则意味着拥有更为广泛且细分的媒介主体，他们凭借短视频内容而集聚的粉丝与塑造的自我身份形象之间有着

直接且密切的联系，随着短视频普及程度的提升，短视频主播创作内容的类型也越发细致，因此可以更好地满足广告商在垂直领域更具备垂类效应的销售意图。

在国家提倡数字乡村建设、推动乡村电子商务等数字经济模式发展的背景下，倡导将短视频作为"新农具"、直播带货作为"新农活"的数字化、现代化农业产业发展的模式，少数民族网络主播纷纷响应号召并探索以短视频引流的地方经济电子商务模式。2021 年，"侗家七仙女"为家乡带货超亿元①，曾在香格里拉云岭深处给藏族群众送信的"溜索姑娘"尼玛拉木，2019 年成立"尼玛拉木劳模创新工作室"，直播销售当地农产品②。四川"虫草西施""迷藏卓玛"凭借雪域高原挖虫草的纪录视频大火，拥有 200 万余粉丝的卓玛成为发动和带动全乡村民依靠虫草销售致富的乡村能人③。

短视频的平台价值优势更体现在拥有两百余万粉丝的抖音主播"嘉绒姐姐阿娟"身上，她原名何瑜娟，是个出生在成都的"年入百万的欧洲金牌导游"，后来与嘉绒藏族阿勇结婚。2017 年，他们共同回到了甘孜州小金县，开始了短视频直播带货，随着销量的提高，至 2019 年三年间，"嘉绒姐姐阿娟"共计帮助 50 户农户脱贫，惠及 1500 户农户。另外，她还制定了每年定点帮 500 户农户脱贫的目标④。随着短视频＋直播带货业务量

① 杨峰，余天英，龙晓慧.黔东南"侗家七仙女"为家乡直播带货超亿元［EB/OL］.（2021-05-17）［2023-05-16］. http://gz.people.com.cn/n2/2021/0517/c393084-34729729.html.

② 和雪垠.藏族"溜索姑娘"尼玛拉木：帮乡亲直播带货过"五一"［EB/OL］.（2022-05-01）［2023-05-16］. http://www.chinanews.com.cn/sh/2022-05-01/9744372.shtml.

③ 参见：陈皓.别人带货她采货，别人喊麦她直播——"迷藏卓玛"唱着藏歌采山货［EB/OL］.（2020-08-27）［2023-05-16］. http://www.chinaweekly.cn/html/people/22508.html.

④ 中国乡村振兴.【人物】通过抖音扶贫 500 户，这位藏区抖音用户被央视报道了［EB/OL］.（2019-09-14）［2023-05-17］. https://www.163.com/dy/article/EP2636VF0514BL38.html.

增加，阿娟于 2020 年创办了小金县首个乡村网络主播创业孵化基地，开始培养主播达人。通过教授家乡民众短视频直播技术、团队搭建和公司注册，更大范围地全面帮扶、培育家乡网络主播约 300 人①。2021 年阿娟开始拓展小金地区的民宿产业，借助亲自打造、设计的民宿，吸引更多的游客前往，进一步发挥其拥有 260 余万粉丝的短视频媒介资本，为小金地区的乡村振兴贡献了充分的力量。

但是，就包括四川民族地区网络主播在内的乡村主播而言，作为最传统的广告赢利和媒介资本变现模式，却存在着一定的道德或者伦理悖论：他们的身份设定和创作内容或致力于少数民族地区风俗文化的传播与传承、展示，被天然地赋予公共使命而与媒介资本变现存在一定的矛盾；或者刻画作为劳动人民努力艰苦生活等同情对象的苦情身份，无法摆脱"真实记录"的公众质疑，因此不得不坚守纯粹的创作动机。如丁真直播引发争议，他作为家乡代言人的身份与作为网红带货"商人"身份之间产生了巨大的矛盾，受众对于丁真作为网红为自己代言的身份不够认同，也倒逼丁真不得不坚守自我身份的初心；甘孜文旅局局长刘洪因为其身为公职人员兼职网红存在一定的争议，因此拒绝带货、打赏，坚持"做短视频带货只做把人带到甘孜旅游的官员网红"②；"凉山孟阳"靠"卖惨"博取同情，虽然坐拥 300 万以上的粉丝人数且带货收益不俗，但被凉山官方媒体点名

---

① 中国乡村振兴.【人物】通过抖音扶贫 500 户，这位藏区抖音用户被央视报道了［EB/OL］.（2019-09-14）［2023-05-17］. https://www.163.com/dy/article/EP2636VF0514BL38.html.

② 楚天都市报—极目新闻.四川甘孜广电旅游局局长助力家乡宣传，拒绝带货打赏：愿意为了家乡当网红［EB/OL］.（2022-06-16）［2023-05-17］. http://news.cnhubei.com/content/2022-06/16/content_14841883.html.
汤文昕，黄之涵，贺俊怡.甘孜文旅局长刘洪：把人带到甘孜就是最大的带货［EB/OL］.（2022-08-15）［2023-05-17］. https://www.bjnews.com.cn/detail/166055172014309.html.

"抹黑家乡"①，主播孟阳不得不拒绝广告投放，将带货用于帮助地方村民农产品销售与推广。

综上，短视频＋直播带货的模式对于四川民族地区网络主播而言与其他类型的自媒体主播存在巨大的身份差异——他们凭借短视频拍摄积累的粉丝基础作为媒介资本，在寻求变现的过程中存在潜在的道德和伦理约束——他们有义务帮扶地方村民和乡亲共同富裕，并且只有将带货直播或粉丝流量变现的动机与地方经济社会发展、乡村振兴相结合，才能形成名利双收的双赢格局。

（2）多元主体开发直播＋地方产业运营

虽然都将短视频作为积累流量、实现媒介资本转换的渠道平台，但不同于短视频＋直播广告的注意力资源二次售卖变现模式，短视频＋产业运营的模式依托于现实产业，短视频则作为宣传推广本产业的媒介渠道。在四川民族地区，这也是一种较为典型的、依托短视频的数字经济商业模式，在带动村民创业致富、盘活并拓展少数民族村寨经济发展过程中具有重要作用。尤其是随着短视频平台普及而拓展出的直播形式，成为地方产业推广展示的自媒体窗口，为相对偏远的少数民族地区提供了资源对接的渠道。

但由于很多少数民族地区的民众媒介素养有限、对手机等新媒体技能运用不足，当地政府部门或相关机构主体，邀请流量网红等多元主体参与协助直播带货，以推动当地农产品的对外销售。如通过相关助农协会、公益机构组织对接当地少数民族地区的农产品企业进行产品推广的"义乌模式"②；扎根少数民族地区主动探索助农 MCN 模式的贵州省黔东南苗族侗

---

① 晴子（重生版）.靠卖惨涨粉三百万，官媒怒揭其真面目，凉山孟阳还能嚣张多久？［EB/OL］.（2022-12-26）［2023-05-18］. https://www.toutiao.com/article/718 1397210566230543/?wid=1718614151279.

② 吕斌，卢国良.直播带货 精准帮扶 "义乌模式" 助推少数民族共同富裕［EB/OL］.（2022-04-10）［2023-05-16］. https://news.zgyww.cn/system/2022/04/10/010225351.shtml.

族自治州榕江县电商运营中心^①，采用内培＋外引的方式汇集少数民族网络主播，不定时策划并发起线上直播，展示并推销地方农特产品。四川探索"媒、校、地"携手帮扶、带动少数民族地区精准脱贫方案：2020 年 6 月，西南民族大学联合《人民日报》数字传播、抖音平台、四川雅博社信息技术有限公司，联合阿坝红原县、凉山金阳县，共同发起"助力小康年，走进'三区三州'大型公益助农直播活动"，通过将农产品带出深山并实现直播推广^②；中国电信四川分公司举行了面向凉山州木里藏族自治县 20 余家农特产品主要经营户的在线营销与直播扶贫培训，将文旅游宿、农产品销售与短视频展示相结合，"更好地宣传、推荐木里藏族自治县农特产品，促进农特产品产销对接，提升木里藏族自治县农特产品的知名度和竞争力"。通过木里藏族自治县委副书记、县长伍松，原木里藏族自治县副县长、中国电信四川公司对外联络部副总经理王如，中国电信扶贫干部、木里藏族自治县副县长刘国萍的直播带货，共计吸引 754.91 万人次观看，点赞 200 余万人次，促成 86.7 万元产品的销售。^③

也有部分立足于自我内容生产的网络主播，他们具备一定的短视频创作素养，并且能够很好地将短视频的影像展示与线下产品的销售相结合，如藏族主播"茂县格满初藏羌土特产店"通过短视频的自我生活记录，为其线下的"羌族农特产品商店"带来了不少订单；彝族女孩"彝之微爱"借助彝族人像高清摄影或家乡风景的短视频内容，为线下的民族服饰租赁和拍摄经营积累了人气。一系列多元主体参与，借助短视频平台、直播带

① 贵州日报报刊社调研组.榕江县"三新农"助推乡村振兴观察［EB/OL］.（2023-09-05）［2023-11-20］.https://baijiahao.baidu.com/s?id=1776193376055489904&wfr=spider&for=pc.

② 肖雨杨.媒、校、地携手直播"带货"助力四川贫困民族地区农特产品销售［EB/OL］.（2020-06-17）［2023-09-10］.https://sichuan.scol.com.cn/amsc/202006/57831210.html.

③ 金台资讯.百万网友围观县长带货 天虎云商助力凉山州木里消费扶贫［EB/OL］.（2020-06-01）［2023-06-19］.https://baijiahao.baidu.com/s?id=1668287440556084944&wfr=spider&for=pc.

货渠道优势，更为广泛地激发主体挖掘乡村资源，构成推动乡村振兴和精准脱贫的内生动力。

（3）短视频 MCN 与县级融媒体联动信息服务

在短视频平台化发展以及进入"后流量"时代竞争浪潮的时代背景下，县级融媒体凭借人力资源和行政优势，率先开启了 MCN 化的垂类发展模式。细分赛道的县级融媒体通过频道化、类型化运营，逐渐积累起专业且忠实的粉丝群体。而作为少数民族地区最具有新闻价值和流量号召力的网络主播，自然成为县级融媒体不同账号推介、联动的对象，包括采用共创式内容生产，制作以主播为对象的主题宣传报道系列短视频等方式，使得具备流量基础的少数民族网络主播能够成为县级融媒体内容生产的对象，这可以带动、提升少数民族主播自媒体内容生产的正能量意义，保障推进乡村振兴的品牌建设、宣传思想等方面的良性发展。

"甘孜旅游"作为甘孜文旅集团设立的抖音账号，多次邀请甘孜文旅局局长刘洪作为"旅游推荐官"，在推动甘孜文旅集团内容建设和旅游宣传方面起到了流量带动作用。2021 年 3 月 28 日，"中国新闻网抖音账号"推出了刘洪专访短视频"'网红'甘孜文旅局局长谈康巴汉子：最重要的是内在！"，该视频获得了广大用户在评论区的广泛认同，提升了甘孜旅游形象的内涵质量。抖音短视频旗下官方账号"抖音和 ta 的朋友们"早在 2020 年 11 月 12 日就推出了"一年定点帮助 500 户脱贫，她是高原上的'格桑花'"，成为助推阿娟助力家乡发展、奠定四川民族地区网红顶流的基础。随后，抖音电商官方账号"抖音电商"于 2021 年 12 月 30 日再次专题介绍阿娟，强化了"城市女孩加入藏区带领全村致富"的正能量主播形象。2024 年，抖音集团专注于乡村发展、助力乡村发展，推出了"乡村守护人"项目，并专设了乡村守护人账号，通过展现全国各地具有代表性的乡村主播，采用共创的方式，形成了良好的社会效益。2023 年 2 月 9 日，抖音平台邀请阿娟为家乡代言，真正见证并培育了诸如阿娟、卓玛等一批四川民族地区网络主播从自媒体到振兴乡村、代言家乡的乡贤形象。

第三节　四川民族地区网络主播媒介——社会资本转化关系维护

短视频不仅提供了用户与用户之间平等的交流机会，赋予每个用户施展自身才艺或作为内容创作者的主体地位，而且短视频超越了一般媒介的信息供给或信息互动功能，构建起依托于主播流量基础上的上下游产业链平台——首先，主播借助短视频媒介提供的内容生产和传播空间，形成社群集聚效应；其次，短视频借助短视频平台的社群维护实现流量经济的变现，将与社群内部粉丝的认同转化为对代言产品的认同，使粉丝关注或关系认同得以变现；再次，当主播在某领域逐渐积累起一定具有权威性和号召效应的社群影响力时，主播由此拥有了潜在的话语权，成为聚合上游供应商和连接下游用户的核心支撑和中介，可视为类似于意见领袖的媒介资本价值。

一、短视频流量（媒介）资本与经济资本的互动转化

短视频的平台效应赋予任一用户个体立足于自身短视频账号的经营与作品拍摄，通过视频内容的展示获得公众关注的流量资源。正如传统媒体时代电视台作为相对单一核心的媒介，决定了电视台以广大观众的关注为基础的流量资本，而这种依托于受众数量和关注忠诚度的流量是电视台获得广告商青睐、为电视台获取盈利收入的基础和前提。随着社交媒体时代的来临，尤其是短视频平台型媒介深刻嵌入社会现实，"人人都有麦克风"不仅仅意味着赋予用户平等的话语权，更提供给用户依托自媒体的话语展示，搭建以"我"为中心，与传统电视机构一致、可以进行资本转换的注意力资源。并且，获得一定粉丝关注的主播甚至超越传统电视机构，实现社群关系网络的链接与组建，凭借稳定投入—产出流的社群，网络主播不

仅仅实现经济资本的转化，还能够在社会资本方面建构自身的关系价值。

短视频网络主播的媒介资本更为典型地体现在少数民族网络主播之中。一方面，四川民族地区居于我国西南山地，作为藏、羌、彝三大少数民族的聚居地，又有着深刻的社会历史与文化根基。其独特的自然生态风貌与生活状态本身就具备了社交媒体时代的流量效应。随着越来越多的少数民族网络主播将镜头对准自我及其民俗日常生活，他们便形成了乡村短视频中具有标志性意义的作品，在高度冗余的信息流中开创了独属于少数民族特质的短视频传播生态。另一方面，少数民族短视频中呈现的原生态生活，成为城市化进程下都市居民的乌托邦向往，附属于少数民族原生态生活之内的绿色农产品自然地成为短视频内容展示牵连的市场空间。

由此，少数民族日常式的生活记录自然地满足了都市消费者的旅游休闲、日常食物需求，进一步推动少数民族的短视频创作从原本的记录生活转向风俗文化的展示，并达成场景化意义上生态农产品销售产业链、完成流量（媒介）资本向经济（产业）资本的转化。如"迷藏卓玛"早期通过真实记录自身挖虫草、放牧等藏族原生态生活的经历，吸引了大量的粉丝，推动"迷藏卓玛"进入专业化、职业化的短视频创作主体，并衔接起其地方农特产品的销售。

根据四川民族地区网络主播的访谈调研，部分网络主播在无意间发现了短视频的流量变现的媒介资本效应后，改变了过去的务农生活，转而开设了农产品的贸易公司，一方面将上游周边村落的农产品收购起来，另一方面又通过短视频维护的社群网络将其销售变现。如阿坝州羌族自治州网络主播"茂县格满初藏羌土特产店"，她的短视频内容以展示羌族原生态的自然景观，配置以一定的自我展示，在短时间内积累了30余万的粉丝数量。为了更好地将粉丝社群潜在购买力发挥出来，她专门开设了一个农产品商店，从最初在自家或亲戚家寻找可以推销的生态农产品，到周边村镇的农户会主动联系格满初带货，再到格满初进一步扩大经营范围，主动到阿坝州更远的地区去洽谈商户、挑货拣货、收购农产品，格满初凭借短视频主播的粉丝效应，成功实现了媒介资本的积累，而这种媒介资本正是体现在格满初依托于短视频平台的主播形象所拥有的社群以及潜在购买力。"我的店现在稳定雇用 2 人，根据不同的农产品销售旺季再灵活雇用 3—4 人。"格满初成功将虚拟空间中的社群影响力转化为现实村落社群的一种身份效应，在帮助当地青年人就业之外，她也成为当地乃至周边村镇农户信赖的收购商和渠道商，并以此来维持甚至发展自己的经营事业。"现在平均每月给政府纳税 1—2 万元""我会把短视频拍摄作为我的一项事业，去拓展更大的市场"等描述展现了以格满初为代表的少数民族个体凭借短视频的媒介资本所获得的身份价值、生活信心。

此外，还有悬崖村彝族年轻小伙阿泽，凭借淳朴真实的生活情境展示，赢得了 30 余万粉丝的关注。从最初简单记录生活，尤其是当"悬崖村"走红后，他正好赶上公众对悬崖村的关注聚焦，积累了一批粉丝，进一步通过淳朴自然的生活记录，塑造了积极向上、拥抱生活的少数民族阳光男孩形象，近期他也陆续受邀参与周边县市农产品的带货直播，粉丝们纷纷支持、购买。阿泽坦言，自己的生活就是"放牛、喂猪、拍短视频"，短视频俨然成为一种"新农具"，在帮助少数民族村民们获得收入的同时，也潜在构筑了推广、宣传或展示少数民族地区村民生活情境、给予公众认知了解这些居住深山之中的村民们一些渠道，而这种超越地域范围的关注和粉丝集聚，对于少数民族网络主播来说，除了流量变现，更具有潜在的人格塑造、社会认同的价值。因此，短视频作为"新农活""新农具"对于少数民族村民的赋权正是以媒介资本为代表的社会＋经济价值实现的。

二、媒介资本的社会功能转换与过渡

我国少数民族同胞拥有不同于汉族群体的生活习俗与族群关系。由于少数民族总体人数较少，加之大多数少数民族生活聚居在相对偏远的山区或高原地区，因此大多以群居的方式实现生活资源共享，至今仍旧保留或部分保留了一种相对紧密的族群式联系。类似于费孝通先生以同心圆喻指的社群形态，社群内部的个体依托于庞杂的亲戚关系而相互联结，形成了如水波纹般层层包裹的人际关系网络。因此，当少数民族中的某个个体凭借手机短视频积累了早期的粉丝流量基础，并将来自粉丝的关注转换为流量经济，成为售卖农产品的带货主播时，他的粉丝流量便成为潜在的媒介资本，为其提供流量变现的社群基础。

这种媒介资本在现实生活中又可以成为一种村落内部社群的权威性和影响力，凭借职业化的主播技能，从而建立起亲属关系之外更为广泛的村镇社群整合关系——获得一定流量关注的主播意味着拥有一种虚拟却能够价值变现的关系权力，通过维护、引导粉丝的注意力，实现经济资本转化基础上的话语资本。凭借资源整合与合作，流量主播进一步成为连接地方社群关系、整合地方资源的重要纽带，无论是其线上的自我—地方形象展示还是产业链品牌推广，还是线下的地方社群关系与资源整合，都成为不可小觑的重要力量——尤其是粉丝数量在百万级别以上的少数民族网络主播，其网络的号召力堪比甚至超过地方主流媒体。由此，具有显著流量效应的网络主播超越传统媒体时代的媒介资本价值模式，延伸出与现实社会、产业发展密切相关的社会资本关系网络，进一步凸显了短视频平台型媒介赋能个体的基础设施意义。

正是在具备一定流量的少数民族网络主播的媒介—社会资本价值意义的考量之上，地方政府部门往往主动合作，既实现对少数民族网络主播的"收编"即作为地方形象展示与推广的平台，又进一步挖掘、扶持、提升少数民族网络主播媒介—社会资本的积累与转化能力，充分探索并发挥少数民族网络主播与地方政府共同参与社会治理与社会建设的新方案路径。大流量网络主播诸如"迷藏卓玛""嘉绒姐姐阿娟"等，他们均受益于早期介入并培育的具有少数民族特色的短视频内容基础，进而拓展出短视频＋产业的平台模式。随着产业规模的扩大，进一步将地方社群中的亲属、族人纳入依托于自媒体平台的产业链之中，又在政府的扶持下成立专门的 MCN 公司，孵化更多的地方网络主播。

由此，少数民族网络主播的媒介资本已经转化为社会资本，通过短视频为展示窗口的产业链销售与推广模式，带动地方文旅和农特产品的销售，并形成以主播为中心的社会关联纽带，成为带动村民参与产业经营、实现乡村振兴的核心支撑。主播与政府共同完成地方社会治理与社会建设，主播发挥自身的流量优势，而政府则通过政策动员与资金配套、人才培育的行政资源，给予主播更为广阔的发展空间，在相互协作之下打造地方产业名片。

三、平台资本主义与四川民族地区网络主播内生价值的关系互动

随着短视频的平台属性越发深刻地改写、调整短视频的媒介生态，短视频在赋权个体媒介—社会资本、推动个体内生性发展、依托主体介入地方社会治理与建设等各方面展现出深度嵌入社会环境内部的基础设施特征。而当短视频赋权的显性特质被更多地发掘、利用、拓展之外，短视频平台内部包括算法、运营、技术开发等环节的内部运作过程却如黑箱一般，容易被忽略，但却在更为基础的层面潜在地操控、主导着短视频用户主体的认知与行为，进而在一定程度上达成对社会的介入、引导、治理。

少数民族地区网络主播除了少量较早参与短视频创作并通过塑造绿色生态乡村短视频形象而积累了一定数量的粉丝，大部分主播因受教育程度限制而媒介素养不高，加之缺乏相关技能的培育与指导，相较于都市短视频使用者而言，他们的短视频媒介资本的积累是缓慢的，甚至不得不通过猎奇、低俗、模仿的方式刻意引流，却也很难保持粉丝增长的稳定性。由此，少数民族网络主播的成长、发展在很大程度上得益于短视频平台的运营、算法模型的扶持，并且构成了少数民族短视频产业化发展、平台技能拓展的重要引导力量；反过来，少数民族网络主播的短视频实践与媒介—

社会资本的积累与转化，也为短视频平台建设发展提供了直接的观测目标与数据支撑，并助力短视频平台经营的基础设施化，提升短视频的媒介地位与价值内涵。

1. 短视频运营策划对少数民族网络主播的扶持

作为社交媒体新传播形式的拓展，短视频的发展壮大离不开以参与短视频生产为核心的自媒体传播与社交关系拓展。因此，从平台企业自身发展和壮大的角度而言，尽可能地拓展用户群体，动员更多用户参与短视频创作成为短视频媒介发展壮大的前提。包括少数民族在内的乡村地区民众成为当时短视频市场拓展的蓝海。快手也正是凭借其乡村市场战略实现了初期差异化发展带来的短视频媒介内涵与价值的公众认知与认同，进而塑造了其媒介品牌，乃至建构了其短视频可供性的媒介生态。

短视频对少数民族网络主播的扶持主要体现在早期实施的乡村振兴战略上，成功发展并培育了一批乡村网络主播，他们获得流量关注并打破过往被遮蔽的乡村景观，以"李子柒""巧妇九妹""华农兄弟"等为代表的一批乡村短视频主播开拓并强化了"短视频＋乡村"的发展模式，为少数民族地区网络主播的短视频参与、使用以及创作提供了示范意义。随着短视频记录生活＋场景化消费的短视频＋产业的结构模式逐渐成熟，四川民族地区也涌现出一批短视频创作者，诸如"迷藏卓玛""小卓玛""嘉绒姐姐阿娟"等，而他们真正的发展壮大也离不开短视频平台自2018年以来持续举办的"乡村带头人"计划，从流量扶持的角度使得这一批少数民族网络主播获得了更为主流的发展空间。与此同时，2020年，在国家实现全面脱贫攻坚重要时间节点下，短视频为少数民族提供的自我展示价值受到更大的重视与关注，尤其是凉山彝族悬崖村主播"悬崖飞人 拉博"的纪录视频，引起了从国家级主流媒体到地方媒体，包括公众的广泛关注，在为少数民族相对贫困地区的网络主播带来流量的同时，也孵化了一批少数民族网络主播。当前，各大短视频平台仍作为国家乡村振兴发展战略践行与实施的重要推动者，通过提供围绕以少数民族地区文化、生态话题为标签的短视频活动，发掘、培育、扶持更多的少数民族乡村主播，在资源整合拓展网络主播社会治理和社会建设能力方面提供了卓有成效的技术、平台支持。

2. 人工智能算法机制提升少数民族网络主播可见性

随着短视频平台化进程深入发展，短视频作为基础设施的身份与作用越发完善与凸显。短视频平台除了在市场战略、活动策划等方面实现对少数民族网络主播的扶持等显性介入社会的行动方案，还借助内在的、相对隐性的内部运作，尤其是围绕算法为核心的信息推动与流量分发机制。

算法推荐是指采用计算机技术收集用户的个人基本信息、网络浏览情况和网络社交行为等数据，然后借由大数据生成用户的自画像，推测出用户可能感兴趣的内容，并向其精准投放的一种信息分发方式。[①] 依托于今日头条人工智能算法技术的抖音与快手短视频平台，均得益于去中心化算法分发机制，打破传统名人偶像的流量效应，在大数据运算的基础上实现面向用户的精准投放和有效供给。一方面，这更加满足短视频观看者的偏好并强化了沉浸式体验下的媒介化进程；另一方面，则赋予了短视频平台创作主体更为均等化、个性化和强调创造性的驱动力。流量池的叠加推算，基于作品点赞量、评论量、转发量、完播率等相关指标的综合技术评估等算法构成机制，极大地提升了少数民族地区乡村图景的可见性，也赋予了一批具有少数民族风情和民俗生活文化特色的少数民族网络主播成长为流量网红的机会。

以"迷藏卓玛"的短视频内容为例，成立于 2018 年 4 月的"迷藏卓玛"账号，初期主要是以展示藏族女性的服饰、容貌等内容为主。自 2019 年开始，"迷藏卓玛"开始展示自己爬山挖虫草的原生态视频，并意外获得极高的流量。自此拉开了"迷藏卓玛"作为短视频网红的创作序幕，此后卓玛的粉丝量显著增长，其质朴的形象也颇为符合平台乡村守护人的定

① 刘建新.信息茧房与价值幻象：短视频的算法推荐之殇［J］.长江文艺评论，2020（6）：45.

位，在平台与主流媒体的推广之下，进一步塑造了卓玛作为地方乡贤的带头人形象。

3. 人—机互动网络下少数民族网络主播支撑短视频平台化发展

依托人工智能算法推动和信息分发的短视频平台赋予了去偶像化、相对均等化的主体可见性，同时也实现了对网络主播的赋能作用，尤其是以短视频网络主播为主体的信息生产构成了短视频扩大普及率、建构其作为基础设施地位的重要组成部分。因此，短视频平台化、基础设施化的发展体现为人—技术互动基础上的行动者网络运行过程，短视频的算法技术、运营策划管理等固然能够提升短视频的运作效率，但短视频中参与创作、带动流量的网络主播作为支撑短视频平台的"原子"，也在不断通过与算法等技术的交互过程中，潜在地影响算法分发机制，并最终实现对短视频社会化介入、作为基础设施完成社会治理和社会建设的影响。

"迷藏卓玛"在高原挖虫草，"甲古阿支"记录凉山腹地的自然生态风光以及县城村镇的发展建设，"小卓玛""迷藏卓玛"高原的日常生活记录……四川民族地区网络主播以记录生活的方式创作的短视频，虽然大部分制作相对粗糙，且不具有审美价值，但通过提供一个认识和了解西南民族地区风情、展示腹地同胞们世外桃源般绿色生活的窗口，满足了其他民族、地域及都市化民众的奇观心理以及对高原或山地生活的田园想象。四川民族地区主播们在平台可供性的基础上探索农特产品、文旅开发等附加产业的增值服务，促成少数民族形态的短视频＋电商产业乡村振兴和精准扶贫路径。而具有一定流量和产业基础的少数民族网络主播如"迷藏卓玛""嘉绒姐姐阿娟"等进一步凭借短视频账号流量带来的媒介资本，与当地政府合作，进一步发挥地方能人与新媒体时代新乡贤的作用团结、引领同村民众参与主播或直播品牌孵化，建立农特产品在线直销平台，真正带动了地方经济发展，践行了国家乡村振兴的政策措施。

由此，少数民族网络主播的短视频实践成为国家与地方相互联结的重要枢纽，少数民族网络主播的短视频实践也成为拓展并深化短视频媒体深入少数民族村镇、带动资源整合发展的重要力量，在脱贫攻坚、乡村振兴的国家战略发展方面提供了借助媒介达成少数民族民众的主体性动员、实现内生性发展的新道路。

4.平台资本主义内在价值逻辑对少数民族网络主播的异化风险

虽然短视频平台化发展为少数民族地区民众参与乡村建设与振兴的主体性和内生性提供了动力支撑，但短视频媒介的潜在风险也不容忽视——一是支撑短视频运营核心技术的算法，在优化短视频用户体验的同时，也容易导致以算法为中心的工具理性带来的创作内容泛娱乐化和低俗化倾向。尤其是少数民族网络主播在短视频制作中虽然可以凭借独特的自然地理环境和满足都市人群对田园乌托邦幻想的绿色生活等特色影像赢得初期的粉丝流量积累，但在信息冗余、注意力极度稀缺的当下，少数民族网络主播的特色化影像生产面临可持续发展和粉丝注意力偏好转移带来的创新性风险，而被迫反向迎合算法大数据下大众泛娱乐化和猎奇心理的观看偏好来创作短视频内容，或者围绕一个爆火的短视频内容模式加以复制模仿，造成同质化内容泛滥的现象。

例如，依托于人工智能算法推荐而兴起的凉山网络主播乞讨式内容生产被叫停，也引发了短视频平台在算法运营中坚持工具理性和价值理性平衡的问题关注。平台媒介通过适当的流量扶持、后台人工筛查等方式，进一步提升人工智能算法的合理性，尤其是将乡村振兴国家政策借助量化指标有效纳入短视频算法推送的运算程序之中，适当加大对少数民族乡村地区具有发展潜力和正能量创新价值的网络主播的推送和分发力度。

二是短视频平台化走向利益主导的平台资本主义极端形态，造成少数民族网络主播内容创作的功利化、短视频＋电商产业的模式化同质化乃至恶性竞争的现象，在追求快节奏的信息生产和公众迅速转移的观赏趣味中失去具有精神价值的创新创作空间，导致作品低俗化，并进一步导致受众审美疲劳。例如，当前大量四川民族地区网络主播以记录生活为主题的作品中，常通过表演式地展示杀猪场面来销售猪肉，但是这些画面不仅毫无美感，甚至会引起不适感，却因具备满足受众猎奇心理和奇观心理的观赏需求而赚足流量，进而被其他少数民族主播借鉴模仿。实际上，这种短效且潜在带有抹黑、自黑性质的短视频题材，或许在短期内能够形成流量效应，但缺乏可持续发展的内生价值，难以真正达成美丽乡村路径下乡村振兴的效果。

此外，平台资本主义的负面效果还会潜在影响少数民族内部社会结构，以及影响青少年的人生观、价值观等态度。随着短视频平台化发展为少数民族地区提供的新发展业态，出现了部分具有头部影响力和号召力的少数民族网红主播，成功实现了媒介资本与产业资本的转化并实现财富积累。依靠短视频致富的快钱模式很容易被其他少数民族民众效仿，甚至导致他们放弃农业生产和技术创新的主业，导致商业主义、消费主义心态异化乡村民众的价值观，尤其是少数民族村寨中的青少年，可能会将以操纵手机、创作短视频为手段的赚快钱视为超越学习知识的主要目标，本末倒置，迷失在短视频营造的平台商业化幻想奇观之中。

第四章

四川民族地区网络主播助力乡村振兴的影响力评估框架

　　短视频平台化、基础设施化的价值实现了针对少数民族网络主播的价值赋能。相较于都市主播群体的内容生产及其产业链拓展，四川少数民族村镇由于地理环境不佳、地方资源相对匮乏，更得益于短视频所提供的对外输出和传播的展示价值，以及平台作为基础设施所提供的产业链赋能价值。根据抖音电商发布的《2022 丰收节抖音电商助力乡村发展报告》，抖音平台中的新农人群体已经成为促进乡村发展和乡村振兴的坚实力量[①]。中国农业科学院农业经济与发展研究所发布的《短视频为新农人搭建平台，助推农业高质量发展》报告指出，以抖音为主的短视频平台成为互联网新农人的"新农具"[②]。

　　依托于短视频平台型媒介的网络主播凭借粉丝流量积累媒介资本，成为新媒介时代的乡贤，在展示地方景观、整合地方行政—产业资源、带动村民致富方面发挥了重要的桥梁作用。但是，能够在众多的短视频网络主播中脱颖而出、获得受众长期、忠诚关注的少数民族网络主播仍旧是少数，随着越来越多的主体参与创作短视频，短视频普及程度提升的同时也带来了注意力资源竞争的日趋激烈。一方面，四川民族地区网络主播分布的长尾效应越发凸显，头部网络主播作为新乡贤的地方号召力、资源整

①　刘锐.抖音电商发布助农数据：一年助销农特产28.3亿单［EB/ OL］.（2022-09-23）［2023-01-15］. https://m.gmw.cn/baijia/2022/09/23/36044837.html.

②　中国农业科学院农业经济与发展研究所."短视频"为新农人搭建平台 助推农业高质量发展［EB/OL］.（2022-07-08）［2023-01-02］. https://iaed.caas.cn/docs/2022-03/7f913eae1ec3405787f98c004b1a736f.pdf.

合、机构合作、产业链建设等方面的影响力和效果如何？头部主播与新加入的主播之间如何形成良好的协同发展效应？是当前基于少数民族网络主播结构化分布情况下，实现更好地拓展短视频＋产业功能、带动少数民族地区精准脱贫与乡村振兴相互有效衔接的重要保证。另一方面，随着短视频在我国迅速普及，短视频凭借独特的影像内容传播和人工智能算法分发机制，以及短视频＋电子商务等多元产业形态的资源整合创新，短视频平台型媒介形态发展及其基础设施化的主体、产业、社会赋能价值，越发呈现出红海竞争态势的短视频生态如何赋能以少数民族主播为中介的地方精准扶贫和乡村振兴可持续发展？

本章将少数民族地区网络主播影响力评估还原为基于社会网络的深度协作型学习（认知）过程，依据前期少数民族地区网络主播的媒介互动实践、平台技术感知、国家话语三个语境下参与式协作过程的田野数据进行编码，运用社会网络分析（Social Network Analysis）和认知网络分析（Epistemic Network Analysis）互补结合的社会认知网络特征（Social Epistemic Network Signature，SNA）分析其社会网络互动中从个体到群体的协作式认知影响。

第一节　媒介影响力研究理论文献综述

1. 大众媒介时代的传播影响力研究缘起与发展

早在媒介环境学派理论建构之时，哈罗德·伊尼斯等学者关注媒介与文明形态的生成、麦克卢汉提出"媒介即人的延伸"等言论，潜在地预设了媒介对人类社会形态所具有的内在的巨大影响力[①]。此后，关于"影响力"的研究自20世纪80年代兴起，美国心理学家罗伯特·B. 西奥迪尼

---

① 伊尼斯.传播的偏向［M］.何道宽，译.北京：北京广播学院出版社，2013.

（Robert B. Cialdini）出版《影响力》一书，在较为广泛的意义上将"影响力"划分为互惠、承诺、社会认同、喜好、权威、稀缺六大原则，并揭示出影响力产生的关键因素在于"顺从"[①]。而在媒介与传播学领域，喻国明较为具体地提及"传媒影响力的本质特征在于它为受众的社会认知、社会判断、社会决策和社会行为所打上的'渠道烙印'"[②]，在肯定媒介带来社会塑造影响的同时，突出并强调了媒介使用主体内在意识感知的中介影响因素。此后，孟雅丽（2007）提出了传播渠道作为影响力的变量因素[③]，郑丽勇等人（2010）则初步建立了媒介影响力评估的指标体系[④]。而在媒介组织传播领域，媒介品牌（甘琼，2008；喻国明，2011；李浩崴，2006）、媒介公信力（靳一，2006）等指标也成为诸多学者从微观视角观测传播影响力的最大变量。随着新媒体的发展与普及，多个研究院所、学者从不同的角度提供了大量新媒体传播影响力报告，为媒介影响力的评估提供了观测依据。其中，新媒体的技术创新不仅改变了传播生态，而且也对传统的媒体评估指标带来了新的生态变革——从传统媒体评估的收视率、视听率、点击率转变为浏览量、日／月用户活跃数、评论／转发量、粉丝人数等[⑤]。尤其在多模态的社交网络信息传播中，影响力表现在具有高度扩散性和关联性的网络节点上，形成了在影响他人情感和观点方面的大规模社交网络分布模型的信息传播机制。

① 西奥迪尼.影响力［M］.陈叙，译.北京：中国人民大学出版社，2006：253.
② 喻国明.影响力经济：对传媒产业本质的一种诠释［J］.现代传播（北京广播学院学报），2003（1）：1-3.
③ 孟雅丽.媒介品牌的影响力［J］.中国纺织，2007（2）：140-141.
④ 郑丽勇，郑丹妮，赵纯.媒介影响力评价指标体系研究［J］.新闻大学，2010（1）：121.
⑤ 殷俊，罗洁.区域媒体品牌影响力评估体系研究［J］.新闻界，2021（3）：39.

表 1　区域媒体品牌影响力评价指标①

一级指标（满分100分）	二级指标（10分制）
认知度（40%）	媒体的名称及标识
	媒体形象以及定位
	媒体的曝光率
	媒体的知名度
	媒体的联想度
	媒体的美誉度
	媒体的地域性
	媒体的规模与实力
	媒体的产品与服务
	媒体的网络传播力
参与度（30%）	媒体的市场占有率
	媒体受众影响范围
	媒体目标群体互动
	受众的接触时长与频率
	受众反馈与建设性意见
	受众的二次创作与传播
	受众互动率（浏览量、评论量、转发量）
	媒体之间的竞争性
	媒体之间的协作力
	社会受益面的范围

---

① 该影响力评价指标模型的测算依据为：媒体品牌影响力=认知度的二级指标总分值×40%+参与度的二级指标总分值×30%+忠诚度的二级指标总分值×30%。参见：殷俊，罗洁.区域媒体品牌影响力评估体系研究［J］.新闻界，2021（3）：40.

续表

一级指标（满分100分）	二级指标（10分制）
忠诚度（30%）	媒体的信任度
	媒体的排他性
	媒体的传承性
	媒体的依赖性
	用户的付费倾向
	用户的行为倾向
	媒体的发展前景
	媒体的技术创新
	对媒体产品与服务的偏向性
	与媒体目标以及文化的一致性

2003 年，刘建明最早将传播力界定为"媒介的实力及其搜集信息、报道新闻、对社会产生影响的能力，包括媒介的规模、素质，传播的信息量、速度、覆盖率及影响效果"，强调传播效果是媒介传播力的主要表征。[1] 孟国凤、乌桂生从受众行为层面提出受众人数的多寡、知晓的程度、接受的层次可以成为衡量媒介传播力的指标[2]；基于大众传媒的核心职能与价值取向，有学者构建了大众传媒传播力评估指标体系模型，并用加权平均算法统计传播力指数[3]。还有学者针对助农短视频在信息认同、影响力差异方面的效果，综合单条短视频点赞量、评论量和转发量对应的加权计算考量，提出了单条短视频影响力系数计算公式，即影响力系数 $=0.2Cd+0.3Cp+0.5Cz$。[4]

[1]　刘建明.当代新闻学原理［M］.北京：清华大学出版社，2003：37.
[2]　张春华.传播力：一个概念的界定与解析［J］.求索，2011（11）：76-77.
[3]　张春华."传播力"评估模型的构建及其测算［J］.新闻世界，2013（9）：211-213.
[4]　肖荣春，邓芝祺，陈孝琳.助农短视频的信息认同、影响力差异及传播策略：基于抖音"新农人计划"的考察［J］.电视研究，2021（9）：92.

2. 短视频社交网络传播影响力相关研究

短视频的普及过程与我国互联网平台发展的趋势密切相关，而随着短视频越发向平台化扩张，当前媒介的影响力实质上取决于互联网平台的传播影响力。有相关研究证明，传播内容（陈晓伟，2021）尤其是内容特征（刘佳静等，2021）是制约传播影响力的关键因素。而就短视频传播平台而言，视频播放时长较之受众特征与制作水平更为显著地影响短视频传播（张舒涵等，2021），而官方认证（张海涛等，2020）、用户体验（龚花萍等，2020）是影响短视频传播效果的关键因素，其中短视频传播的互动效果因素取决于作品原创性、个性化（龚艳萍等，2020）。在研究方法上，采用熵权法评估 Facebook 相关数据指向下的博主影响力（Murphy，2019）[①]；或将转发数、点赞数、阅读数等指标用于信息传播效果的评估（阎奕文等，2017；吕文增等，2017；丁蕾，2019），并建立基于互动数据的短视频信息传播效果评价指标体系（陈强等，2017；于晶等，2018）；或围绕视频类别（孔婧媛等，2021）、背景音乐（张志安等，2019）、屏幕形式（喻国明等，2019）、感官刺激（李超等，2020）、信息互动（夏天等，2020）等多模态变量来辅助测算短视频传播效果。张舒涵等（2021）经过对不同类别的短视频传播影响力变量进行综合测算（VDI），得出不同播放时长的短视频传播影响力指数（见表 2）。其中，I_p 代表视频点播指数，I_i 和 I_u 分别代表用户信息互动指数及信息利用指数，并综合点播、互动和利用指数，测算出最具影响力的短视频传播时长为大于等于1 分钟且小于 3 分钟，艺术类视频类型和弹幕能够相对取得较好的传播效果。

---

① MURPHY M.Social Media and the Fire Service [J].Fire Technology，2013，49（1）：175-183.

表2 不同播放时长的短视频影响力指数 [①]

时长	发布条数（N）	点播指数（I_p）	互动指数（I_i）	利用指数（I_u）	影响指数（VDI）
d ≥ 10	3	10.303	5.098	3.901	6.241
5 ≤ d < 10	9	11.748	7.473	6.682	8.479
3 ≤ d < 5	18	11.265	6.571	5.622	7.647
1 ≤ d < 3	23	11.113	6.234	5.335	7.383
d < 1	11	11.552	6.016	5.553	7.515

综上所述，当前针对短视频传播效果的研究，虽然已经在实证研究领域取得了较为丰硕的成果，但是当前更多研究侧重于短视频的媒介特性以及互动机制，包括用户行为特征等变量对传播效果的影响，比如短视频所提供的弹幕评论，能够让受众从"看后静态"变为"看中动态"，从"延时揣酌"变为"即时共情"[②]。而在传播主体即短视频主播，以及主播参与的语境中如何影响传播效果方面，虽也有涉及，但更多的是思辨研究，缺少相关实证研究——如主流媒体短视频的"人格化传播"（吴晔等，2021），或关注网络主播的数字劳动困境（吕鹏等，2023）或以主播为主体的传播实践探索（王伟，2020）等。实际上，从传统传播学 5W 模式来看，传播主体作为信息生产者，对线性传播全程均有直接影响。尤其在当前"具身"互动传播情境下，传播主体与受众之间的跨界，使传播主体更为沉浸式地参与短视频平台传播的全过程，其影响力亟待挖掘。

3. 少数民族地区网络主播的影响力内涵特质

随着当前乡村短视频越发成为"新农具"，拍摄短视频成为"新农活"

[①] 参见：张舒涵，孔朝蓬，孔婧媛.新媒体时代短视频信息传播影响力研究［J］.情报科学，2021，39（9）：63.

[②] 张舒涵，孔朝蓬，孔婧媛.新媒体时代短视频信息传播影响力研究［J］.情报科学，2021，39（9）：64.

的发展趋势引导下，乡村网络主播的短视频创作和传播在影响力方面呈现出更为复杂的内涵——一方面，乡村主题的短视频创作和传播有着更为明确的"乡村振兴"目的，即通过打造以个人账号为核心的线上影响力甚至网络红人效应，通过媒介资本向社会资本转换并达成价值变现的方式，最终转化为实际的收入，以提升乡村主体的收入水平，盘活乡村农特产业可持续健康发展、振兴乡村文化传统、实现农业现代化发展的"乡村振兴"要义；另一方面，乡村短视频的创作主体在积累个人媒介资本的同时，承担着乡村形象展示、乡村文化情感交流等重要功能，在点赞、关注和转发之外，乡村网络主播凭借短视频创作与传播达成潜在乡村价值塑造乃至公共服务等作用内涵，也成为评估其内在影响力的重要维度。

而就少数民族网络主播为主体的短视频传播而言，更呈现出了以典型"网红"身份主体为号召力的传播影响赋权网络。就四川民族地区网络主播的短视频生产为例，其影响力的生成固然依赖于短视频平台所赋予的社交功能，如弹幕、点赞、关注、评论等，同时也有必要纳入少数民族网络主播个性化的人格特质、情感价值在社交互动中的潜在影响力价值，并在个人资本—媒介资本—社会资本转换中实现的变现效果等方面制定更为科学、全面、贴近现实情境的影响力评估框架。

第二节　乡村振兴媒介互动实践中的民族地区网络主播关系网络构成与类型

少数民族地区网络主播的出现得益于媒介技术的发展，尤其是以短视频为代表的平台化媒体的发展，为少数民族村镇个体赋权，同时，更在国家政策背景主导下，从脱贫攻坚、精准脱贫到乡村振兴的价值路径引领。由此，乡村主播成为近5年来活跃于短视频平台的典型群体，而少数民族网络主播作为乡村主播的重要组成部分，也成为短视频构建媒介场域中的有机体。

而以少数民族地区网络主播为代表的媒介实践，其重点在于使用短视频的人，而这些随着短视频的普及活跃于公众视野的头部少数民族网络主播，凭借各自差异化的短视频创作动机，在越发清晰的国家乡村振兴话语主导下，形成了以不同的视角参与乡村振兴国家话语的共同体图景，但是因为各自的动机、创作团队与实力、媒介素养等方面的差异，又形成了少数民族网络主播内部的结构性差异，并在借助短视频创作或直播推动少数民族地区乡村振兴的过程中起到了不同的作用。

一、少数民族网络主播的身份构成

参与短视频平台实践的少数民族地区主体，各自不同的身份背景和价值诉求差异，带来了创作动机、内容形态、媒介赋能的差异，也成为推动精准脱贫与乡村振兴的国家话语应用于实践乃至推进短视频＋乡村振兴模式创新的力量源泉。短视频通过赋能个体相对自由的创作实践，极大地调动了少数民族主体的创作积极性。在此语境下，短视频在很大程度上能够反映创作主体的内在旨趣、个人风格品位、个人气质等。少数民族地区网络主播差异化的身份构成，也将各自不同的生命历程借助短视频加以呈现。

一是本土少数民族村民的短视频实践。包括生活在四川西部山地和高原地区的藏、羌、彝少数民族同胞，他们世代生活于少数民族地区，保留了相对完整的少数民族文化风俗，而凭借短视频的视觉影像呈现，能够形成独特的少数民族文化民俗景观并受到大众关注，如"迷藏卓玛"用短视频记录自己挖虫草、松茸的真实生活经历，"小卓玛"展现在大草原游牧生活的趣味，"迷藏卓玛"展现了藏区生活与自然生态环境的有机融合，"洛桑和小志玛"则书写了高原藏区家庭生活的温馨与幸福。虽然镜头中他们展现的是迥异于都市的非现代化生活，并且由于媒介素养的局限导致画面粗糙，但也正是由于这些相对的不足而构成了源自本土村民的少数民族网络主播短视频实践在众多包装精美、"高大上"的内容中成为一股清流，获得了独特的视听体验，不仅唤起了漂泊在都市人群的乡愁，而且也能够满足生活在都市人群对于田园生活的渴望。不过，来源于本土的少数民族主播也有明显的短板，随着他们纯自然、真实生态的短视频创作逐渐固化为身份标签，他们依托于短视频的创作内容受到较多的局限，加之他们媒介素养不高，容易在同质化短视频侵占公众注意力的当下产生审美疲劳、转型困境等问题，此外，在短视频＋产业的资本转化与拓展中，源自地方本土的少数民族网络主播也受限于产业资源的弱势及其身份标签的限制，而与产业资本之间构成了天然且底层的逻辑矛盾，使得他们依托于短视频的经济活动不得不坚守淳朴、薄利的公众认知，因此面临巨大的形象危机和风险。例如，凉山本土的网络主播"凉山孟阳"，在所谓的真实记录自己艰苦却努力的生活状态而积累了百万粉丝之后，她作为穷苦女孩出身的短视频创作身份遭遇了巨大的质疑和非议，在面临转型就要失去原有粉丝、进入更为激烈的内容竞争的局面时，她不得不选择保持自己艰苦劳动者的少数民族农村美女标签形象，却又面临与国家乡村振兴话语的矛盾。

二是以返乡少数民族主体为代表的短视频实践。在国家脱贫攻坚取得全面胜利、开启乡村振兴战略部署的当下，乡村越发呈现出发展的活力与潜在空间。而以短视频为代表的平台型媒介为乡村主体的赋能作用，也间接支持并促成了返乡群体的创业发展。随着李子柒凭借乡村田园生活短视频在大众和国家层面乃至国际层面上获得较高的认同度，返乡＋短视频创业成为一种可能且可行的发展实践路径。在国家倡导将短视频作为"新农具"、直播作为"新农活"的口号中，进一步赋予返乡群体借助短视频创业兴业进而实现乡村振兴的能动性。由此，少数民族地区返乡群体成为少数民族地区网络主播的重要组成部分，并且凭借他们在有了城市生活经历后返回家乡的他者视角下寻求短视频创作灵感，塑造了独特且暗合当下受众心理或情感需求的短视频作品风格。如凉山网络主播"吉克阿芮"，将自己在外地的工作经历与自身的形象相结合，探索出了"扮装"的表演展示视频；还有凉山主播"悬崖飞人 拉博"于2018年返回大凉山腹地昭觉县悬崖村的家乡之后，拍摄了家乡儿童通过攀爬悬崖才能上学的视频，无意间打开了自我创作的流量密码，不仅受到公众的广泛关注，甚至引发了中央媒体及有关政府部门、高校等组织机构的全面关注。这些缺乏艺术灵感、带有曝光性质的真实纪录作品，却为拉博积累了巨大的流量媒介资本，虽然悬崖村贫困状况的改善得益于拉博的作品，但是将此作为媒介资本变现基础的逻辑矛盾，却成为拉博在短视频创作的发展过程中必然面临的不小的挑战与困局。

返乡群体短视频创作中也不乏带着精英主义的视角展现家乡问题的主播，如早期培育的短视频主播"小虞""赵灵儿"等，他们将主播的形象设置为出生于农村、带有天然的乡土情怀，进而促使他们来到凉山等多个相对贫困的山区，通过策划、制作一系列的短视频，在展现当地民众善良而艰苦的生活环境的同时，为自己塑造了乡村振兴实践者、乡村振兴一线公益人的形象。但无奈的是，"小虞""赵灵儿""曲布"等在资本欲望的裹挟下，最终仍旧走向了凭借"卖惨"博取同情来获取流量变现的模式。在底层逻辑上，他们仍旧陷入了对地方乡村形象和文化的污名化表现中，加之贩卖假货，将乡村形象建设和产业发展排除在个人资本向社会资本变现的利益链条之外，最终不得不面临被封号的境地。

部分返乡少数民族村民将在城市中积累的短视频创作实践运用于家乡题材内容的创作，成为推动少数民族地区短视频实践的重要力量。他们在提升少数民族地区乡村形象景观、提升少数民族传统文化与现代艺术的融合发展方面提供了宝贵的推广展示契机，形成了积极良性的传播发展趋势。如彝族短视频主播"彝人造物CHINAYI""乌撒和阿妈"等。

三是由地方官员、政府组织等构成的少数民族地区官方主体。少数民族地区的地方官员，作为将国家政策落地践行的一线工作人员，这些不同身份、背景的主体构成以短视频为基础，从不同领域和角度推广和宣传少数民族文化产业的关键力量，借助他们不同角度的短视频作品以及短视频互动实践、短视频＋产业链等实践，可以一窥短视频赋能四川民族地区乡村振兴实践的效能。

二、少数民族地区网络主播媒介互动实践现状

短视频自新千年伊始逐渐发展并在近 5 年实现了观看使用人数的迅速增长，以短视频为代表的网络视听媒介成为首要平台。短视频内容生产也经历了从媒介载体到电商平台乃至基础设施的发展历程。在此发展过程中，乡村少数民族网络主播的创作也呈现了较为显著的变革趋势。当前四川民族地区网络主播的媒介互动实践现状有待深入梳理。根据之前对媒介影响力的分析与理论梳理，少数民族地区网络主播的媒介互动实践围绕影响力展开除了其粉丝数量，还包括了更为潜在的账号主体的创作风格及其表现出来的发展潜力等，以及创作作品的定位与社会价值等。基于此，通过对抖音和快手这两大短视频平台上众多少数民族地区网络主播的梳理，可以一窥当前的媒介互动现状。

通过较为全面的、针对四川民族地区网络主播的梳理发现，随着短视频平台化发展所带来的个人赋权和流量资本价值的凸显，当前的少数民族地区网络主播的长尾效应显著（见图 1），头部网红占据了流量的绝对主流，而新生的主播则在短视频的"后流量"时代下则更为艰难地生存。而短视频的流量所带来的资本转换价值，则使得部分缺乏社会资源的个体将其视为价值变现的工具，主播的创作动机在资本驱动下异化为变相的成名机器，承载了诸多少数民族地区网红不切实际但同时又不择手段的创作意图，尤其以凉山地区的彝族网络主播为代表，"卖惨"叙事虽然已经被明令禁止，但是无奈该地区的民众存在较为显著的媒介素养差异，这也导致了在短视频创作方面明显的风格悖论——要么脱离地域，仅取彝族文化艺术的精髓并加以现代化加工与提升，展现彝族服饰、饰品、舞蹈等非遗文

化的艺术风貌以达成文旅、旅拍等产业链的开发；要么立足地域，真实再现当地生活环境，且普遍以较差和落后的生活状态为背景，通过满足部分观众同情或怜悯的心理需求，换取廉价且小丑式的取悦式、"卖惨"式表演。

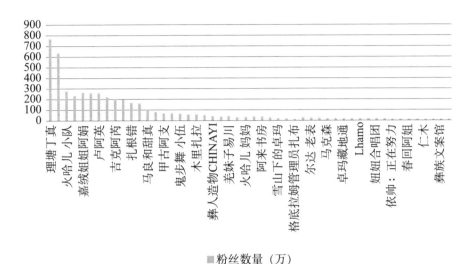

■粉丝数量（万）

图 1　四川民族地区网络主播粉丝量分布情况

此外，四川民族地区网络主播的地域影响力分布两极分化现象明显。尤其是川西甘孜地区有影响力的主播占据绝对多数，并且在口碑和社会认同度方面，显著优于阿坝和凉山州地区的网络主播。甘孜州具有影响力的网络主播在类型上也充分涵盖了个体、官方等多元主体，在类型上也达成了覆盖面广泛、差异化发展的良性趋势。例如，个体账号"迷藏卓玛""洛桑和小志玛"在内容上注重家庭身份和勤劳、朴实人设的打造，传播推动民俗生活的生态价值和趣味性；"甘孜文旅刘洪"则凭借公职人员背景，构建了更为正能量的地方文旅产业发展和形象展示；"理塘丁真"借助艺人化的包装和发展，成为吸引年轻人群、传播地方名片的青春偶像代表。因此，甘孜州的网络主播已经形成了矩阵化、广覆盖、良性互动的传播矩阵网络。阿坝州则凭借"嘉绒姐姐阿娟"的远嫁、返乡、励志、乡贤形象，成功带动了家乡和地方乡村民俗产业的振兴，成为当地乃至整个短视频平台的流量网红。此外，阿坝州还有中部网红"马良和甜真"，这对藏族老年夫妻以展示日常戏剧化的生活和日常提供了良好的情绪价值并逐渐小有名气；还有尾部网红"茂县西羌姐妹"等线上线下联动的农特产品展示、宣传、售卖，也逐步积累起一定的信誉和人气；新崛起的新生代网红"格底拉姆管理员扎布"推介川藏民俗文化知识，凭借正能量和帅气外表的结合，正逐渐培育其粉丝基础。凉山州的网络主播因为早期受到"卖惨"、装穷等不良风气的影响以及售卖假货等行为被取缔关停之后，现有的头部网络主播"鬼步舞 小哈哈"因为走出凉山而不得不重新孵化账号。另有风格独特的"吉克阿芮"，虽然在网络上有一定的知名度，但是在内容方面与家乡、民族文化的展示关联不大。活跃于快手平台的网红"彝宝"，虽然凭戏谑式、儿童化演绎成人世界的反差叙事逐渐积累起一定的流量，但是不仅无助于民俗文化的推广传承，甚至在内容上也丑化当地民众，对当地的生存环境造成了不良影响。由此，整个凉山地区始终缺乏真正带动地方乡村振兴、传播优秀民族文化的头部网红主播，能够发挥一定的乡村（文化）振兴作用，诸如小凉山的"L果果"、大凉山的"扎西娜姆""甲古阿支"等尾部主播，在创作主题、制作质量、流量号召力等方面，相较于甘孜和阿坝主播还存在明显的差距。

尤其值得重视的问题在于凉山地区网红低龄化的发展误区，其底层逻辑在于资源极其匮乏的情况下，通过拍摄低劣的短视频而火爆，以此赚取流量而改变命运，已成为该地区的一种"致富捷径"，严重影响了青少年乃至儿童的认知。因为有彝族小学生通过拍摄鬼步舞获得了一定的流量，众多模仿"鬼步舞"的青少年乃至儿童网红出现，如"鬼步舞小队""鬼步舞小浪""鬼步舞 小拉拉""鬼步舞 小伍"等，他们都有着类似的拍摄风格。背景中相对贫困的生活环境、脏且旧的衣着，与年龄极其不相符的拙劣模仿表演……虽然获得了一定的流量关注，但从评论区来看，更多的关注是偏向于负面的评价，比如调侃其为祖国"未来的花朵""都是乱跳的""一看就知道是凉山的""这个地方怎么这么落后""不喜欢彝族"等。

有网友调侃"跳出大凉山活动已结束""在跳鬼步舞的时代选择了读书"，也有网友评价"眼里只有对兰博基尼的渴望"一语道破了凉山短视频鬼步舞流行浪潮背后的功利化真相，不仅严重影响外界对于凉山地区的形象认知，并且也阻碍甚至异化了凉山青少年群体的社会认知和健康身心发展，亟待整治。

通过短视频媒介考古，可以发现凭借鬼步舞成为流量网红的鼻祖是同样来自凉山的博主"鬼步舞 小哈哈"，自 2020 年 3 月开始，他组成三人儿童版鬼步舞组合，在村庄、破落的土屋前跳舞而逐渐积累巨大的流量，至今已有 600 万左右的粉丝数量。2022 年 2 月，他交往同样从事短视频内容创作的女友"博雅"，风格开始呈现显著变化：开豪华轿车、衣着时尚，由此成为走出凉山的一个标杆人物，成为凉山地区青少年的偶像并被效仿。

凉山还有一种早期流行的短视频策划创作模式，即通过雇用长相可人的美女作为主播，拍摄记录其在彝家干粗重农活甚至背水泥等场景的画面，如抖音"李阿力"，虽然在短视频兴起的初期凭借其真假难辨的拍摄情景赚取了大量同情流量，但是随着短视频平台品质化发展、内容创作竞争加剧的背景下，这一类型的创作已经被观众所厌弃，并且观众能够普遍认识到其创作大于记录的虚假成分，不仅难以承担起乡村振兴的作用，反而因过于"卖惨"而有被自动淘汰的趋势。而甘孜、阿坝藏羌少数民族地区网络主播的传播内容则主要聚焦在文旅资源的开发方面，更多的主播展示原生态的生活场景恰好展现了高原自然生活的朴实与自由，在建构田园生活想象的同时则达成了真实自我与短视频镜像的高度内在统一，具有巨大的流量拓展潜力。

此外，在媒介交互发展战略下，部分头部网红开始探索借鉴 MCN 的商业化系列发展模式，通过系列账号的开发，形成聚合式的内容创作集群，最大限度地发挥平台引流的作用。例如，"嘉绒姐姐阿娟"在自己的账号之外，还设置了"嘉绒倾城"账号，为自己的民俗产业提供全方位的民族文化宣传和营销。

第三节 基于交互效果的少数民族地区网络 主播影响力评估

根据传播学对于影响力的学术史梳理，影响力的评估围绕不同的媒介技术发展阶段而呈现出差异化的研究方案。针对社交传播时代的微博研究，提出了基于粉丝关注数量、点赞和评论数等为主要量化评估指标，采用社会网络分析、话语分析或内容分析为主要方法的社交媒体影响力评估方案。但在以短视频为传播介质的社交传播背景下，其影响力的评估有待更新，尤其是短视频凭借影像创作而达成的具身接受体验，虽然离不开关注、点赞、评论的接受效果评估，但基于整体粉丝和点赞数量的短视频主播长尾效应明显，再加上主播短视频创作数量多、频率高，不同的影视作品在点赞、关注、转发等方面存在较大差异。因此，从更为科学的评估角度而言，短视频主播的影响力还有待根据主播具体作品的内容表征与效果之间的交互关系展开具体分析。

一、短视频主播影响力评估中的交互价值

短视频的媒介特性，凸显其作为社会交互载体的信息传授互动价值，也促成了其通过个体化赋权而提供个体媒介资本的积累，以及向社会资本和产业资本转化的价值潜力。因此，对于短视频网络主播影响力的评估，实际上是一个创作端和接收端之间的博弈配比，尤其是区别于传统媒体或早期社交网络中仅从接收端即效果端评估衡量传播主体影响力的单向度机制，而需要将短视频主播的内容创作，包括人设打造、围绕人设的内容情节设计与演化、基于人设的 IP 孵化乃至产业链运营等环节纳入考量，同

时考察以评论话语生态为主要量化对象的接收端与传播内容的匹配度，以此构建对于短视频主播影响力更为全面的交互评估机制。

1. 人设塑造与身份认同

短视频通过个体赋权，不仅达成了对创作者个体价值最大化的实现，而且通过媒介资本的积累及价值变现，推动了社会产业变革与发展。传统上，在二元结构框架中被边缘化、价值被遮蔽的乡村社会，凭借乡村主体参与的短视频图像创作，推动了乡村社会整体价值的彰显，在诸多短视频主播的创作下，乡村逐渐被塑造为充满情感慰藉与文化传承的宝地。乡村的被看见，离不开短视频主播基于个体身份的设置与塑造，并借助这种身份的话语建构在观众中达成认知和共情的延伸效应，这不仅推动了乡村短视频内容的 IP 转化，还为价值消费奠定了感知基础。

尤其是，短视频主播自我的身份形象设置，与通过作品传达给受众后受众感知到的主播身份之间，存在一定的知觉匹配风险，当主播自己建构的人设形象与受众反馈的主播形象高度一致时，则说明主播的认同度较高，并在认同基础上凭借主播与受众之间的信任，促成主播媒介资本向产业资本乃至社会资本的转化。而就四川民族地区网络主播的人设塑造来看，主要通过账号名称之外的副标题设置、内容创作中的人物形象两大渠道塑造人物的人设形象。而接收端则通过评论话语中针对主播的身份形象形容词及其关联词内在的情感向度来确定。因此，本研究建立的四川民族地区网络主播人设形象传授的交互网络评估模型如下（图 1）：

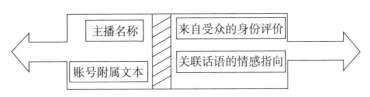

图 1　短视频网络主播人设建构与接受的交互评估示例

通过选取四川民族地区代表性网络主播，充分考虑主播在类型、创作风格、人设特色、影响力等方面的因素，整理代表性网络主播人设塑造与评价反馈表（表 1）如下。

表1　代表性网络主播人设塑造与评价反馈一览表

主播名称	副文本身份话语	主播身份的受众感知	主播身份的受众评价
嘉绒姐姐阿娟	乡村守护人	大家闺秀，偶像，老师，老板娘，财神，女神，实干家，中国才女，照亮一方百姓的人，阿诗玛，新一代文成公主	漂亮，大方，得体，优秀，负责任，厉害，敬佩，正能量，有贡献的，有情怀，勤劳
格底拉姆管理员扎布	格底拉姆·天空之城管理员	第二个丁真，理塘王，藏族小哥，家乡代言人	玉树临风，单纯善良，重情重义，干净的内心，纯真的
理塘丁真	康巴汉子丁真	宝贝，套马汉子，老公丁真，丁真王子，大男孩，弟弟，小可爱，一个让知识改变命运成为笑谈的人，公益性艺人，雪域小王子，丁真哥哥，丁总，国家栋梁，旅游博主	帅，治愈，纯真，可爱，眉清目秀，野性美，年轻人的榜样，平凡质朴
洛桑和小志玛	乡村守护人，有无数次想出去打工，被小志玛的一声"爸爸"吓退了，记录小志玛的童年	帅哥，桑大叔，胡八一，龙哥，梦想中的男朋友，男人，哥哥	努力，靠谱，治愈，照顾人的
迷藏卓玛	稻城亚丁藏家卓玛	老乡，美女，藏族人的天使，妹妹，女强人，姑娘，千万富翁，姐姐，专业人士	有钱，可爱，善良，能承载，佩服，吃苦耐劳，纯洁，天然美，优秀，辛苦，真实，健康，朴实，低调
甘孜文旅刘洪	四川甘孜州文化广电旅游局局长	局长，男神，领导，公职人员，好官	情怀，帅气，一身正气，有气质，风度翩翩，威武霸气，操心，敬佩，优秀，当官为民，努力，实干的，敬业的，辛苦的，慈祥，正能量的，感动的，有成就的

续表

主播名称	副文本身份话语	主播身份的受众感知	主播身份的受众评价
吉克阿芮	抖音音乐人	莫文蔚，大哥，女神，人才，老师	帅气，自信，才华横溢，阳光的，真诚的，人品好，又飒又美，港味，肆意洒脱，气质，明星范，伟大的，魅力四射，性格好

　　从上表摘选的四川民族地区网络主播身份设定与接受反馈可以看出，无论主播创作内容题材是什么，主播在塑造自我身份时往往采取"民族 / 地域标识＋社会 / 家庭职责"的建构策略，将藏族、康巴汉子等民族地域特征加以彰显，或在民族身份之外，根据创作题材丰富主播作为家庭成员或作为乡村守护人所承担的职责。从性别角度来看，少数民族网络主播的身份在受众反馈中存在较大的差异，男性少数民族网络主播，往往会被赋予高度情感化和亲密关系化的身份标签，如"理塘丁真"和"洛桑和小志玛"，在受众对主播身份的评价反馈中，大量出现了诸如"男朋友""老公"的亲密关系身份标签，展示了男性少数民族网络主播在供给受众，尤其是女性受众的亲密关系想象方面具有重要的情绪情感价值；而女性少数民族网络主播则大多被冠以"女强人""实干家""天使 / 偶像"等标签，展现了对于女性自强、独立的一种性别标签解码。

　　无论男女主播，"纯洁"构成了少数民族地区网络主播最核心、最普遍的形象解码标签，其次是"治愈"。性别特征在主播的身份认同上同样存在一定的差异，男性网络主播在观众感知中更多以"靠谱""重情义"身份为主，女性网络主播则以"勤劳""善良"为突出的身份标签。尤其是"嘉绒姐姐阿娟"的形象交互塑造效果有显著的借鉴意义。一方面，阿娟通过在不同的场合讲述自己嫁入藏区、身份转变的人生历程，引发了首次共鸣，"美女""勤劳"等个人化的身份标签随之确立；另一方面，阿娟继续抓住短视频平台化发展的东风，成功转型建立起"短视频引流＋线下民宿经营"的地方文旅产业链，并带动地方乡亲入股民宿产业，逐渐塑造起"乡贤"的人设，从评论对其身份的感知来看，"女神""新一代文成公主""阿诗玛"等身份形象感知充分表明了受众对于其人设的肯定与认同，而"敬佩""有贡献的""有情怀"等评价也标志着阿娟成功通过短视频完成了个体媒介资本向社会资本的转移。

此外，在主播围绕内容创作而形成的人设形象中，丁真作为一个特例，凭借纯洁质朴的外在形象而成为流量网红，其走红的逻辑也间接影响了受众对于丁真身份感知的效果。其中，不乏对其走红背后违背传统认知"知识改变命运"观念的质疑和嘲讽，并将其延展到对其他主播的认知方面，尤其是对于具有相似身份背景的"格底拉姆管理员扎布"，有人直言其为"第二个丁真"，通过"青少年的榜样"来讽刺依靠运气和外表而突然成名的不可复制性。

而"甘孜文旅刘洪"和来自凉山的"吉克阿芮"两个账号则在四川民族地区网络主播中存在一定的特殊性，前者凭借其公职人员的特殊身份，逐渐将短视频打造为地方文旅产业宣发和推广的公共平台，也收获了用户的认同。后者则凭借打破地域和民族身份局限的艺术化创作模式，借助创意和持续的内容输出，逐渐凸显自身的风格特质而获得用户对其自信和独立的认同。

网络主播的人设设定与受众感知在高度一致的前提下，往往能够达成更为稳定的接受效果，但即使是成功设定的人设形象，也可能因为突发的舆情事件而面临极大的挑战。

2. 内容生产与接受反馈

短视频基于社交网络的影响力首先建立在粉丝数、点赞数以及单个作品的评论数方面。同时，短视频凭借影像互动的社交影响力还着重体现在作品的创作题材与受众评论互动话语之间的匹配关联度方面，或者作品内容如何在受众的评论中得到意义的阐发与内涵延伸，并间接反映当前短视频受众的潜在意识认知。基于此，四川民族地区网络主播的短视频创作是否具有乡村振兴的功能，尤其是在带动更深层次的乡村文化振兴、乡土社会价值认同、乡村产业发展等方面的价值，有待于通过作品与评论话语意涵之间的互动匹配关系加以确定。通过对四川民族地区网络主播的作品内容及其评论生态的考察发现，头部网络主播的置顶作品，也意味着最具有影响力的作品，在平台生态上呈现出了较大的差异，尤其是并非所有少数民族网络主播的置顶作品评论都与乡村振兴关联话题有关，部分顶流少数民族网络主播的置顶作品，更多表现出网红式名片效应和粉丝效应，或者沦为部分带节奏的网民情绪化刷屏行为的成果，在乡村振兴方面的关联影响力有待进行差异化的评析（表2）。

表 2　少数民族地区影响力主播的评论议题

主播名称	置顶作品主题	影响力（点赞/评论）（万）	主要评论议题
迷藏卓玛	新鲜松茸 野生菌 大山里的原生态	38.2/1.2	卫生条件，购买方式，能干的孩子，能生吃吗？
	品质好的松茸是埋在土里的，需要有经验的人才能找到	110/2.2	值多少钱，喜欢你，吃苦耐劳，怎么购买？
	找虫草需要经验和眼力，有些人就是把虫草放在面前都看不到的	103.7/3.3	虫草的价值，卓玛好女人，卓玛的老公
扎西娜姆	家乡的变化 # 旅行推荐（系列作品）	31.1/1.5	对作品内容的正面情绪价值、文旅宣传意义的肯定，对当地旅游的向往
雪山下的卓玛	藏族人家的样子	6/0.34	肯定藏区经济发展与环境生态，并归因于党和国家的帮扶

续表

主播名称	置顶作品主题	影响力（点赞 / 评论）（万）	主要评论议题
雪山下的卓玛	神奇的石堆	6.7/0.81	肯定作品民俗文化科普价值，呼吁尊重藏族风俗
乡城卓玛	抖音大哥别删我视频	20/1.2	表达对主播容貌、气质的赞美，认同藏区的风景和生活风俗
	绿油油的青稞地	3.7/0.2	人美、景美
马良和甜真	当爸爸妈妈互换身份后	59.8/5.6	作品的娱乐、生活教化价值，认同作品拍摄质量
茂县格满初藏羌土特产店	今年新鲜的大红袍花椒	0.21/0.015	讨论花椒品质、价格与购买方式
妞妞合唱团	二年级小宝贝练习日常	2.4/0.11	欣赏民族服饰和纯真的童年，呼吁关注山里的孩子，弘扬民族文化（语言）传承
	远方的客人请您留下来	1.5/0.051	向往凉山旅行，赞赏纯净的歌声，认同民族传统民俗文化
洛桑和小志玛	小志玛邀请您来我们家乡九龙看美景	3.9/0.0892	路途遥远，风景美丽，向往自然生态
	洋芋还是和腊肉最般配	1.4/0.0336	农产品售卖，向往美食
	担心我那塘松茸被别人挖走	4.3/0.0514	渴望体验高原生活，赞美大自然的回馈，咨询售卖方式

续表

主播名称	置顶作品主题	影响力 （点赞 / 评论） （万）	主要评论议题
甲古阿支	彝族坨坨肉苦荞粑粑，下雪天吃饭味道巴适得很	12.7/2	批评地上吃饭的习惯，对彝族民俗感兴趣，感叹与现代社会的差距
	中国有个民族叫彝族，儿子叫惹，妈妈叫阿莫……	8.8/0.637	欣赏主播的美丽，赞叹彝族女孩的美好，谈论彝族风俗
	四川有一个地方叫凉山，全名叫凉山彝族自治州……	9/0.4412	彝族同胞对民族节日的认同与怀念，表达想去实地体验的愿望，认同民族服饰的美丽

由上表可以看出，当前四川民族地区网络主播的创作从内容形态上可以分为以下几类：一是借助明确的平台推广标签，如"乡村守护人""旅行推荐"等来制作相关主题的短视频，以获得更为直观的流量关注。"扎西娜姆"凭借旅游推荐的标签植入，加上自选主题"家乡的变化"，从作为内容接受反馈评价指标的评论话语来看，不少受众既肯定了扎西娜姆对家乡文旅宣传的贡献，又明确表示了对当地旅游的向往，达成了良好的图像创作—文本接受的交互效果。

二是自然呈现日常生活场景，如挖虫草、摘松茸、吃饭等具有民族地区生态特色的场景，将趣味化的民族地区乡村生活形态典型化呈现。从相关作品的评论生态来看，此类作品普遍能够引发受众对自然生活方式的关注，以及对作品展现活动对象的体验向往。如"洛桑和小志玛"的作品中分别有饮食、家庭出游、挖虫草等场景的内容，在评论生态话语中也分别表达了对饮食、风景和挖虫草活动的体验向往。

三是针对少数民族风俗文化的介绍与分享，尤其通过少数民族服饰、特色生活、建筑样式等具有鲜明民族特色的文化习俗解读，唤起观众对民族文化生活的兴趣乃至体验意愿。如"格底拉姆管理员扎布""雪山下的卓玛"两位主播通过介绍藏袍、玛尼堆，并详细说明其传承的民族文化传统，一方面达成了良好的文化科普价值，另一方面掀起了针对民族文化对象内容的公共讨论，起到了对民俗文化传承的大众认知推广作用，甚至有不少评论主动呼吁对藏区生态环境和民俗文化的保护与尊重，达成了作品内容与评论接受之间的良性互动。

四是融入艺术化的演绎或剧情编创的视频内容，潜在地输出少数民族特色艺术文化、生活状态等。如"妞妞合唱团"以大凉山的彝族女学生为主体，通过展现合唱团的民族文化特色歌曲演唱、表演，以艺术化、整合化的方式形成了少数民族特色文化传播的另一种有效范式，从作品的评论话语生态来看，大凉山民族服饰、教育现状等成为关注的热点，而对于纯净自然的童声及其所展现的淳朴自然风光，也成功激发了用户对于旅游体验的行为意愿，以及对于民俗文化和自然景观的传承与保护呼吁。而"马良和甜真"则将影视叙事艺术融入短视频的日常生活叙事之中，通过情节化、娱乐化的生活表演，在提供用户情绪价值的同时，采用故事化的艺术表现手法诠释幽默趣味的民族地区乡村家庭生活，角色化又不失逼真的演绎成功塑造了两位藏族老人充满烟火气的生活场景，由此建构起川藏乡村家庭生活的趣味性和向往体验。

此外还有一种方式，是直接通过展示农特产品的丰收、售卖等场景，达成对农特产品的售卖推广。如"茂县格满初藏羌土特产店""西羌姐妹"等，他们的短视频创作直接作为线下农特产品销售的推广窗口，通过现场农特产品的采摘、售卖场景，形成更为直接的线上消费意愿唤起。从这一类少数民族网络主播的短视频作品评论话语来看，用户直接聚焦于图像所呈现的农特产品价格、购买渠道、物流等实际消费环节。

二、少数民族地区网络主播的显性媒介交互实践网络

通过选择四川民族地区网络主播账号，通过对他们代表性作品按照点赞数、时间分布等变量进行筛选后，运用 Python 软件进行梳理发现，较多的话语集中在作品所反映的传统家庭温情、自然淳朴的生态环境体验，以及出行旅游观光的行动意愿三大方面。

1. 家园：少数民族乡村生活的情感价值

作为少数民族地区网络主播短视频交互实践的首要价值，满足或提供受众对于传统家文化及其情感想象的需求成为少数民族地区网络主播短视频创作的显性驱动力，构成创作端和接收端之间交互的实践网络布局。以抖音、快手两大短视频平台为统计对象，两大短视频平台上活跃的少数民族地区网络主播中，有 60% 的网络主播在身份设定上有显著的家庭身份定位，而 80% 的少数民族地区网络主播在内容创作上涉及或关联亲情情节。早期李子柒的账号注册初衷，也是为了陪伴留守乡间的奶奶，并且在创作中时常将婆孙之间的亲情田园生活作为短视频潜在的叙事背景，强化了短视频在满足受众情感需求方面的传统家之亲情的想象期待。"苗家阿美"毫不讳言地将家庭祖孙三代人的湘西传统田园生活真情演绎，短视频内容中勤劳耕作的父亲、贤惠端庄的母亲、活泼可爱的孩童以及权威智识的祖父母，奠定了账号百万粉丝关注的感知基础。而当下活跃的四川民族地区网络主播中，如四川藏族主播"洛桑和小志玛"，凭借父女情深的账号定位积累了巨大的流量基础，在此后的短视频作品中，洛桑作为父亲的形象，与妻子、女儿和儿子龙龙四人演绎了真实而又温情的家，如外出务工两月后返家的作品评论中，大量网友反馈"好幸福的一家人"或表达想要嫁到阿坝的愿望，感慨于孩子看到爸爸幸福快乐的真性情，"终于又可以看到小可爱了"等评论构成了与作品创作主题之间的交互。此外还有"小卓玛"，凭借天真烂漫的小女孩的近摄与特写画面，引起了无数受众对于

家之幸福的讨论，有人评论留言直接称其为"闺女"，也有人由此联想到自己的女儿；"嘉绒姐姐阿娟"也以自己、女儿和丈夫之间戏剧化的亲密关系作为剧本，演绎着搞笑又温馨的家庭情感。

2. 乌托邦：乡村生态环境的绿色感知

除了"家"的情感关系建构所达成的创作与接受交互网络，四川民族地区网络主播在创作与传播话语信息流中还存在乌托邦生态的交互感知关联网络。大多数主播通过少数民族地区自然景观和生活场景的真实呈现，获得了受众的高度关注。如"洛桑和小志玛"账号中频繁出现的采蘑菇场景，"迷藏卓玛"在高山采集虫草、松茸的视频，评论区留言多围绕"大自然""自由""好生态""喜欢那边的风景""天然美"等话题，展现了受众对于画面中乡村生活的向往。有来自上海的网友留言"我对你的松茸不感兴趣，感兴趣的是你身后的这片美景，多希望生活在这样的环境里无忧无虑"，还有诸如"好想走进大山里生活"等评论表达对于主播生活环境的向往。此外，少数民族地区网络主播质朴纯真的作品创作，也成为受众达成乌托邦式交互体验的必要元素。

3. 在路上：少数民族文旅景观的行动效应

作为一种显性的创作—接受交互话语网络，从真实自然、自由的生态感知到温情温馨的情感唤起，最终达成亲身前往体验的行为意愿，相关的评论话语在一定程度上反映了这种显性的表征意愿。以四川民族地区网络主播"嘉绒姐姐阿娟"为例，她远嫁他乡、返乡创业、美满家庭、帮扶村民的身份建构，同时满足了受众对于传统女性情感唤起的诉求，又在其呈现的夫妻和睦、儿女双全的家庭温暖中，促使观看者产生了对于其生活场景的向往与追求，"我一定要去一趟四姑娘山""好想去一次""是我们必来打卡之地"，还有部分讨论直接与酒店预订相关，也充分证实了作品在带动受众旅游行为意愿方面的效果。

三、少数民族地区网络主播的隐性媒介交互实践网络

在显性的、可直观感知到的少数民族地区短视频交互网络之外，还有基于短视频平台的本体特征而形成的隐性媒介交互网络，从更为深层次的动力机制上促成短视频创作—接受的交互实践发展趋势。

1. 带货：个人资本与社会资本转换变现的潜在动力

短视频平台从最初的个人赋能，发展到当前以粉丝数量和流量为衡量标准而凸显的变现问题，少数民族地区短视频主播的创作越发体现其作为"新农活"的特征。由此，引流与带货成为包括少数民族地区在内的所有网络主播创作的首要动机。因此，在四川民族地区，网络主播的创作则围绕土特产品资源的销售而重塑了短视频创作的动力。然而，在以带货为目的的终极导向下，网络主播一方面面临着如何设计嵌入广告的可能性，另一方面则面临着广告意图过于明显而带来的受众反感乃至"掉粉"的困境。此外，还存在部分竞争对手恶意挑拨等不良互动现象。随着平台电商化发展趋势越发明显，主播们带货的压力和行为驱动也促使在潜在的创作—接收端层面出现了与产品挂钩、强化受众的购买欲望等创作变化趋势，形成了在交互话语网络中的资本化隐性特征。如"洛桑和小志玛"就通过日常场景与销售农特产品之间的互嵌，实现了引流与带货之间的平衡——内容展示"当归炖牛肉"，作为反馈的评论区中就会有用户询问购买方式和价格，同时也关注短视频内容中的人物角色和自然景观，使得内容传播与接受反馈之间达成了较好的平衡。

2. 带头人：作为少数民族地区乡村发展的个体身份塑造

主播凭借个体账号的孵化与培育，逐步建立起地方的带头人身份，带动并帮扶地方乡亲，形成地方农特产业链的建设，在带动地方共同富裕方面，持续发挥其社会性价值。如"嘉绒姐姐阿娟"，其账号的培育和发展与抖音短视频平台战略以及国家乡村振兴的政策背景相互契合，在人设

方面也成功塑造了一个远嫁川藏、帮扶乡亲的女性"乡贤"形象。在作品创作方面，"嘉绒姐姐阿娟"除了通过策划剧情类的作品实现引流，还通过真实展现与乡亲们一同经营民俗产业、作为带头人亲身宣传和推广乡村民俗产业等形象，不断强化其作为带头人的身份特征。大量的用户评论不乏对其身份的认同与赞赏，如"正能量的人""真正的网红""很温暖、很善良的人""值得尊敬的网红"等，而正是凭借对主播的身份认同，自然达成了基于信任关系的追随效应，用户表达出的"向往去当地旅游""带孩子去那里向您学习积极向上的精神""去识庐山真面目"等话语均展现了用户真实的行为（旅游）意愿。阿娟作为带头人的形象认同作为一种媒介资本，也为其社会资本乃至产业资本的转化提供了良好的基础。

3. 公共服务者：个人账号承担化解社会矛盾引领价值导向的阵地

随着短视频主播们媒介资本的积累以及在线产业链平台的打造，短视频主播的身份由最初的内容生产者转变为服务供给者。一是涉及文旅为主体的短视频在提供旅游相关资讯、路线与住宿信息推广等方面发挥了重要作用，以"嘉绒姐姐阿娟"为代表，从最初的内容创作者到地方民俗产业链开发，在评论话语内容上，也由原来的私域话题发展为公共话题，比如咨询"几月份去风景最好？""收费怎样""去四姑娘山会不会高反"等，或评价"民俗很热情""值得一去"等。还有"甘孜文旅刘洪"，在短视频内容上主要以展现甘孜美景、带动旅游等话题为主，凭借其局长的身份，评论区生态呈现出了更显著的公共服务性质，包括对当地旅游体验的评论如"离优秀的旅游城市还很远"，甚至针对遭遇的不良体验也在此形成了宣泄的舆论场——"请您管管这些无良商家""被坑了，如何维权"，还有人提出建议——"宣传旅游还要管理环境"。相关评论话语充分彰显了该短视频平台在文旅内容生产之外的公共服务平台发展趋势。

第四节　四川民族地区网络主播助力 乡村振兴的社会网络分析

　　基于此前对于四川民族地区少数民族网络主播的影响力以及媒介交互实践的观察式分析，主播在通过打造个人人设、创作风格化作品、助力乡村振兴方面具有差异化的作用效果。但无论怎样的影响力，都不得不依赖于短视频平台所供给的社交网络载体，也就是说，少数民族网络主播的影响力分析还有必要纳入社会网络的分析工具，将其放置于短视频平台的社交网络之中加以观察。

一、研究对象

　　少数民族网络主播主体本身的身份特质与其参与的短视频创作内容呈现，共同交互构成了民族地区乡村短视频的生态图景。而作为社交媒体的短视频，更是凭借更为去门槛化的广泛传播普及，形成无障碍的传—授交互话语生态的建构。因此，乡村短视频的影响力生成在一定程度上依托于对短视频平台中交互环节的量化评估，如点赞数量、弹幕数量、评论数量等。更进一步，作为观看乡村短视频反馈的弹幕和评论，则成为可以深层次反馈作品效果认知的渠道，在普遍效果的基础上，进一步挖掘部分细节因素，如少数民族网络主播人格特质、乡村风貌特色内容及其呈现方式等作用于受众认知的效果评测。因此，本研究的对象是少数民族网络主播参与创作的乡村短视频的影响力评估，有待于从短视频作为交互型网络社区所内在的性质着手，考量其影响力的生成。

　　在线社区是"当足够多的人在网络空间中进行足够长时间的公共讨论，并具有足够的人类情感，从而形成个人关系网络时，从互联网中出现的社会聚合体"（Rheingold，1993）。Guadagno 等人（2008）研究了人格和博客行为之间的关系。对新体验更开放的人更有可能保持博客，大多数博主都在写他们的个人生活。许多研究针对在线社交网络社区，讨论的主题包括社区形成和社会网络的结构。例如，Mislove 等人（2007）分析了四种流行的在线社交网络（Flickr、YouTube、LiveJournal、Orkut），以确定它们共同的结构属性。他们的研究结果表明，在线社交网络具有高度的互惠性，一个由高度节点组成的紧密核心，即与网络中许多其他人连接的个人和共享相似程度分数的节点。Benevenuto 等人（2008）描述了YouTube 用户之间通过视频互动创建的社交网络。Santos 等人（2007）进行了类似的研究，表明 YouTube 用户之间的关系具有遵循幂律函数的统计分布，拓扑和连接都受到人类社会行为的影响。①

正是基于在线社区的媒介特质，短视频影响力的评估在当前的研究成果中，有待于在短视频本身技术平台所有的点赞、评论等量化数据基础上，加入评论内容的话语分析，并建立主播＋创作内容与接受评价话语之间的语义关联矩阵分析，深入考察少数民族网络主播主体、内容创作，在乡村振兴实践效果方面的影响力。基于此，在研究设计方面，本研究的假设至少基于以下几个方面：

1. 少数民族地区网络主播与乡村短视频内容创作之间的关系如何？这种交互关系如何渗透影响短视频的内容生态，并带来接收端的影响力？其中，网络主播作为乡村短视频效果测量的关键变量，存在一定的量化难度。

2. 乡村短视频在乡村振兴方面的影响力如何量化评估？具体要考量乡村振兴与短视频之间交互关系的度量维度，比如产业链开发＋文旅消费数额等。

3. 将网络主播与内容创作带来的影响力变量与短视频推动乡村振兴方面的度量维度建立计算模型，才能最终得出完整的少数民族地区网络主播

---

① MOGALLAPU A.Social Network Analysis of the Video Bloggers，Community in YouTube［D］. Masters theses of Missouri University of Science and Technology，2011：4879.

助力乡村振兴的影响力效果评估。

二、研究方法

1. 社会网络分析（social network）

社会网络分析指的是社会行动者（actor）及其相互关系的集合。一个社会网络是由多个节点（社会行动者）和各点之间的连线（行动者之间的关系）组成的集合。通过建立行动者之间交往关系的模型，来描述群体关系的结构，并分析它对群体功能或群体内部个体的影响。[①] 社会网络分析的主要目的是检测和解释个体之间的社会关系模式（Nooy et al.，2005）。有研究认为网络的结构和结构中的关系类型会影响传播过程。[②]

UCINET 是由 Steve Borgatti、Martin Everett 和 Lin Freeman 开发的一个社会网络分析工具。该工具与 NETDRAW 一起工作，生成社交网络的图形标识。之所以选择它，是因为它是开源软件，可以免费下载。它能够处理大量数据（多达 32627 个节点）。这一工具包括所有必要的功能来计算社会网络的措施，因此具备易于使用的特性。2009 年福特汽车社会化媒介推广的嘉年华活动主要策划人卡德尔表示，他们的目标是"找到 20 多岁的 YouTube 故事讲述者，他们已经学会了如何赢得自己的粉丝社区""能够在视频中制作真实叙事的人"（McCracken 2010）。而相较于早期的论坛等社交网络，短视频传播平台所提供的"可操作社会智能"（Wang et al.，2007），以及所建构的丰富社会互动功能（Parameswaran & Whinston，2007）都使得短视频超越了一般的信息互动平台，成为嵌入社

---

① 相德宝，乐文婉.基于社会网络分析的全球政治领导人社交网络影响力研究 [J].新闻记者，2019（4）：45.

② AKROUF S，MERIEM L，et al.Social Network Analysis and Information Propagation：A Case Study Using Flickr and YouTube Networks [J]. International Journal of Future Computer and Communication，2013，3（2）：240-252.

会治理与智能辅助的潜在社会结构化网络，折射并反映短视频内部一定的社会行动关系。

以"清博智能"的"抖音号传播力指数（DCI）"作为衡量助农类短视频传播力的标准。该指数通过对抖音账号发布的短视频在数量、互动状况、覆盖用户程度等方面来综合体现抖音号在短视频平台的传播影响力，其计算公式为：DCI ＝发布指数（10%）＋互动指数（76%）＋覆盖指数（14%）。其中，互动指数＝点赞数（17%）＋评论数（37%）＋分享数（46%），覆盖指数＝新增粉丝数（11%）＋总粉丝数（89%）①。本书选取最早介入乡村短视频的流量平台"快手"作为媒介研究对象。"快手"最早将市场布局于中国广大的乡村群体，开辟了乡村短视频的内容市场。随着国家乡村振兴和数字乡村等战略政策的推行，作为数字媒介技术载体之一的短视频，成为乡村主体参与乡村振兴实践的"新农具"，拍短视频成为"新农活"，以"快手"为代表的短视频成为展现乡村景观、转化乡村文旅资源、推动乡村文化振兴的重要渠道。

由于短视频的传播网络在一定程度上区别于微博等社交媒体，基于视频动态图像的转发相较于文字图片具有更高的风险成本——一方面是版权所限，另一方面，短视频传播更加凸显个性化的特征，其时效性和信息性价值较弱，因此就账号主体而言更注重原创性，在转载数量和频率上相较于微博等社交媒体存在较大的差异。但是一旦转发，则能说明其实际的影响力和辐射效果。基于此，本书选择具有一定流量的四川民族地区网络主播作为代表，通过梳理其账号矩阵、原创内容被其他账号转发数量、频率，以及转发后的再转发反馈效果三大层次，形成短视频网络主播社会网络影响力的分析评估机制（图1），并提炼出基于主播账号互涉账号数量及其转发数量总和的平均数作为衡量其社会关系网络影响力的评估量值：少数民族网络主播社会关系网络传播影响力 ＝ 主账号转发量 *1+ 直接关联账号转载

---

① 清博指数.抖音号传播力指数 DCI（V1.0）［EB/OL］.（2023-05-22）［2023-07-20］. https://www.gsdata.cn/site/usage-16.

量 *2/ 直接关联账号数量＋间接关联账号转载量［1.5*（官方账号 / 官方
账号数量）＋1.2*（个体账号转载量 / 个体账号数量）］①。

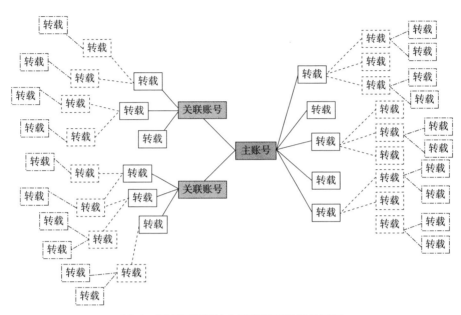

图 1　基于短视频社会网络关系的评估图示

　　由此，为确保研究的客观性，本书分别选取四川省甘孜、阿坝、凉
山三个典型少数民族地区的代表性网络主播各一位，同时兼顾账号的影响
力基础，结合头部、中部和尾部账号的特征，确定了以下人物：阿坝州的
"嘉绒姐姐阿娟"和"阿坝西羌姐妹"、甘孜州的"甘孜文旅刘洪"和"格
底拉姆管理员扎布"、凉山地区的"甲古阿支"和"凉山葡萄妹"。在转发
量的计算方面主要通过梳理其账号孵化矩阵、不同账号的其他账号中的互
涉关联系数、在互涉账号中再转发的数量三个标准，来统计该网红账号的
社会网络影响力。

---

①　主账号互涉关联账号是指账号主体在线下相关联的主体设置的账号，或者作为
　　矩阵建立的直接关联账号，作为一种强关联的转发，其影响力系数 ×2。而间
　　接互涉关联账号中，又分为官方账号与个体账号，官方账号的影响力更权威、
　　效果更强，故设置系数1.5，而个体互涉账号系数1.2。

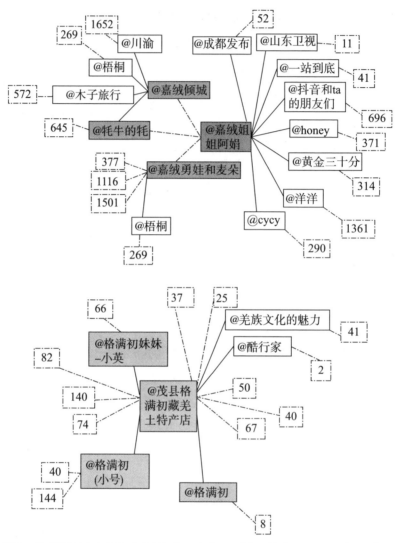

图2 阿坝州影响力主播"嘉绒姐姐阿娟"和"茂县格满初藏羌土特产店"的
短视频传播社会网络结构示意图

由图 2 可见，"嘉绒姐姐阿娟"作为其早期孵化的核心账号，随着粉
丝数量的增加，该主播随之开设了"嘉绒勇娃和麦朵"的账号，用以满足
用户对其家庭生活观看的兴趣。此后，阿娟将地方民俗产业创立后，又进
一步拓展其民宿品牌在整个四川旅游地区的覆盖，进一步设立"嘉绒倾

城"作为民宿产业宣传引流账号，和"牦牛的牦"民宿接待管家的关联个体账号。至此，以"嘉绒姐姐阿娟"为中心，多主体、全覆盖的传播矩阵网络在抖音平台建成并实现多渠道引流。根据计算评估算式可以得出"嘉绒姐姐阿娟"的社会关系网络传播影响力为1024.4（图2）。

　　而阿坝尾部网络主播"茂县格满初藏羌土特产店"作为一个助力线下农特产品销售的引流平台，也通过日常化、民俗化的文化生活艺术场景展示，逐渐积累起一定的流量资本。虽然相较于头部网红还存在较大差距，但作为个人运营的账号，并且积极参与短视频为渠道的乡村振兴实践，该主播也对当地的农特产品销售起到了一定的推广作用。此外，该主播的账号孵化与传播还有一定的特点，通过建立相互关联的同类型账号，形成围绕"茂县格满初藏羌土特产店"老板娘姓氏为中心的网络传播矩阵，相互之间达成宣传阵地，在一定程度上也加强了个人化品牌的网络传播覆盖面和影响力。由此，根据网络民族志梳理得出的"茂县格满初藏羌土特产店"的网络传播网络示意图以及节点量化统计，可以得出其社会网络影响力为184（图2）。

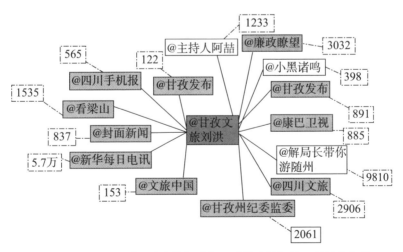

图3　甘孜州主播"甘孜文旅刘洪"和"格底拉姆管理员扎布"的
短视频传播社会网络结构示意图

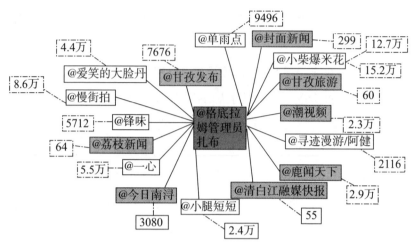

图 3　甘孜州主播"甘孜文旅刘洪"和"格底拉姆管理员扎布"的
短视频传播社会网络结构示意图（续）

　　作为甘孜州代表性的网络主播，"甘孜文旅刘洪"的传播网络呈现出以主账号为核心，其他相关官方账号互涉联动、高影响力个人主播转发所形成的高人气、大流量传播网络。而作为新晋网红的"格底拉姆管理员扎布"虽然现有流量尚处于尾部区间，但是凭借其正能量的内容创作以及偶像化人设策略的推广模式，在转发网络节点上，虽然不同于"甘孜文旅刘洪"有诸多官方账号的背书与转载，但是"格底拉姆管理员扎布"却有着众多已经有众多粉丝基础的网红为其传播。由于网红传播相较于官方传播更具备其流量化的运作策划优势，扎布在网红账号互涉下的二次转载量多次突破 2 万以上，其影响力不可小觑（图 3）。

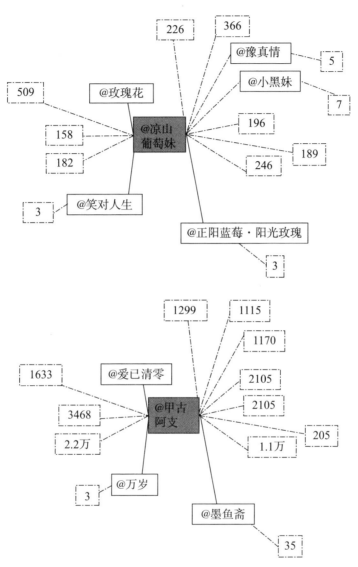

图4　凉山州主播"凉山葡萄妹"和"甲古阿支"的短视频传播
社会网络结构示意图

　　由于凉山地区短视频流量主播要么尽可能弱化其民族地域身份，要么强化其身份特征的同时，凭借"卖惨"、博取同情的方式赚取流量，这对地方乡村振兴不仅鲜有影响力，而且已经造成了极为不良的社会影响。随着公众对于凉山"穷困"印象的加深，凉山地区真正凭借讲述民族文化、传播民俗生活的正能量主播，因为缺乏专长和典型特色，其影响力极为有限。如所选择的两位尾部网红，"凉山葡萄妹"专注于凉山葡萄的水果销售，与阿坝的格满初异曲同工，主要的问题在于其引流目的性过强，而缺乏与用户之间较为稳定的情感链。并且在账号的直接关联和矩阵化布局方面，"凉山葡萄妹"还发动了共同经营葡萄产业的小姐妹，形成了较为初步的账号联动，但因为转载的账号影响力也极为有限，最终限制了其内容的推广覆盖宽度；"甲古阿支"虽然以传播彝族文化习俗为主要题材，并且也能在特定的主题如彝族婚礼、服饰等方面取得不俗的流量，但是由于制作缺乏专业化，看似真实的民俗场景拍摄却带来了不良的社会效果，比如在地上吃饭的场景、以恶搞为目的的节庆仪式展示等，虽然获得了一定的高流量，但依赖于调动用户的猎奇心理而获得，注定是没有营养与生命力的。类似这样凭借有数量而无质量的琐碎化传播，始终在流量增长方面缺乏突破，也在平台流量变现方面相对缺乏模式的探索（图4）。

综上，基于短视频主播传播网络的初步分析，当前四川民族地区网络主播的短视频传播不仅长尾效应明显，而且基于主播的流量长尾效应从长期来看也加大了四川民族地区的文旅产业发展和区域形象建设。甘孜、阿坝两州凭借较为典型的、特色化的短视频内容创作，实现了良好的粉丝积累与地域文化的传播推介；而大小凉山地区以彝族文化为代表的短视频创作，则相对缺乏兼备正能量和影响力、风格化的类型作品，导致了凉山地区的网络主播在影响力和影响效果（包括覆盖面、认同度等）方面明显不足。

2. 图像—文本交互效果分析

越来越多的用户习惯于在社交网络上发布图片和文字来分享他们的情绪或观点。因此，多模态情感分析成为近年来人们日益关注的研究课题。通常，一幅图像中存在唤起人类情感的情感区域，这些情感区域通常在人们的评论中以相应的语言表现出来。同样，人们在撰写图像描述时也倾向于描绘图像的情感价值。因此，图像情感价值与相关文本之间的关系对于多模态情感分析具有重要意义。①

通过选取头部、中部和尾部少数民族地区短视频博主账号作品，借鉴多模态文本分析的话语标注办法，对作品中的主题、话题建立标签，再收集整理与乡村振兴相关的评论话语，采用扎根研究方法，首先对评论话语进行聚类分析，然后与作品话语标签加以匹配，通过匹配程度来评估短视频作品在乡村振兴方面的影响力。

首先，人工筛选评论区有乡村振兴相关性的视频作品，并对作品内容进行多模态文本的主题和内容标注（参见附录一）。通过对当前四川民族地区网络主播作品及其评论内容的整体风格分析发现，在平台流量化、产业化发展趋势的推动下，吸睛、引流成为内容创作的重点，因此塑造人设、制造爆款的功利主义思想极度压缩了乡村振兴的价值内涵。尤其是以凉山彝族地区网络主播的人设和创作风格来看，"卖惨"乞讨式的创作思维难以根除，走出穷山沟的动机之下，其创作内容不仅难以发挥乡村振兴的作用，甚至存在故意黑化的风险。基于此，主播短视频内容与乡村振兴影响力之间的关联性分析有待在人工筛选的基础上，通过从作品生态中挖掘具有显著乡村振兴相关性的话语内容，锁定能够引发相关话题讨论的内容创作，由此确立少数民族地区网络主播内容创作激发乡村振兴活力的主题、表征。

其次，建立入选视频评论区话语的语料分析框架，在频次提取的基础上，进一步挖掘话语网络的内在思想指向。基于前期的分析，本书选取"嘉绒姐姐阿娟""甘孜文旅刘洪""理塘丁真""小卓玛"等目前在四川具有高流量的人气主播为例，同时增加具有创新性的账号"遇见娜姆"，借助网络民族志的方法收集用户评论语料，再通过扎根研究方法，围绕原始

---

① ZHU T，LI L，YANG J，et al.Multimodal Sentiment Analysis with Image-Text Interaction Network［J］. IEEE Transactions on Multimedia，2022（25）：3375-3385.

语料—概念—范畴的三级编码策略（表1），梳理五大典型少数民族网络主播在乡村振兴影响力方面的内在影响力机制。

表 1　开放式编码的范畴、概念、理论依据

主播	典型语句	概念与频次	范畴
嘉绒姐姐阿娟	帮助农村，改变农村	改造乡村（56）乡村致富（40）返乡动员（25）	乡贤价值
	凭一人带动农村致富		
	带动了更多年轻人回乡创业		
	这才是有意义有价值的人生	人生价值（32）智慧勤劳（38）励志（39）感动（21）	（主播）人格特质
	一个聪明有远见、能干的女人，可以造福三代人		
	看着你的励志感动哭了		
	敢想，敢做		
甘孜文旅刘洪	民族服饰很霸气，民族的才是世界的	民族服饰（12）跨文化传播（1）	民族文化推广
	局长视频的代入感太强了	感动（78）情怀（22）致敬（36）	情感认同
	局长为宣传家乡操碎了心，致敬刘局		
	我对甘孜也有一种特殊的情怀		
	甘孜真的很美	旅游（30）出行（45）	消费意愿
	想去甘孜旅游了		
	一定要带孩子来追忆一下红色文化		
	红色文旅题材，美丽风景宣传		

续表

主播	典型语句	概念与频次	范畴
甘孜文旅刘洪	再也不去甘孜，不管是酒店还是餐饮，三个月挣一年的钱	消费过高（44）虚假宣传（18）	名不副实
	视频看看就好，一切以实物为准		
理塘丁真	纯净的风土民情	风景美（38）自然纯净（45）	文旅宣传
	到下则通村看看，那里风景太美了		
	四川省旅游推广大使丁真珍珠	文旅推广（35）经济发展（48）带货效果好（69）	带动地方经济发展
	成为品牌大使了		
	开辟了很多线路，盘活了当地经济		
	理塘普通建筑快比上拉萨了，路灯都比重庆的好		
	特意来你家乡理塘了		
	"丁姥爷"的汉化补丁已经完成90%了，真可怕呀	失去民族特色（2）	身份意识危机
小卓玛	小卓玛的笑治愈了很多人	治愈（133）	情绪消费价值
	纯真的笑脸给我们带来了不一样的快乐	开心（98）	
	国庆好想去看小卓玛	旅游意愿（17）	地方影响力
	小卓玛长大后必然是民族和谐的使者	民族文化传播（3）	

续表

主播	典型语句	概念与频次	范畴
遇见娜姆	你们的宣传搞得太好了，学习	作品价值认同（19）	情绪消费价值
	看完这个视频心情好了	情绪调节价值（28）	
	家乡变化真是大	家乡发展认同（30）	认同与行动意愿
	这个地方在哪里，好想去	生活向往（45）	

再次，通过已标注视频和评论话语之间的相关性分析，基于相关性匹配因子确立短视频乡村振兴影响力评估模型。基于对五位网络主播共计28640条评论数据的分析和语料编码提取发现，最终网络主播的评论语料在乡村振兴影响力方面可以围绕评价主体、评价态度、行为意愿三个方面展开，并且三者之间相互影响、相互关联，对乡村振兴的影响力价值方面形成了交互关系网络。本研究基于扎根研究基础上对语料范畴提取的因果关系推断，将范畴所属的三大类别及其所属的项目归于一定的模型结构中（图5）。

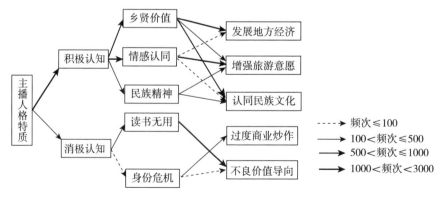

图5　基于网络主播评论语料三级编码的乡村振兴影响力因果关系模型

该模型根据对代表性少数民族网络主播作品中的评论语料进行三级编码后，提炼范畴内部的因果关系。基于语料词频及其范畴的提取发现，用户对于网络主播的评价大量聚焦于主播的人格特质方面，围绕主播的勤劳、善良、朴实、乐于助人等品质进而延伸出对于主播作品所呈现地域生态环境的向往与认同，乃至进一步升华到民族的精神状态，如感叹"民族的就是世界的"。此外，相当数量的评论话语聚焦于作品或者作品中塑造的主播形象对于用户自身带来的情绪价值，这种从身份价值、情感认同、民族精神三大维度所形成的正面认知，前因可以追溯到主播在用户中形成的人格特征，在此基础上，带来了在乡村振兴影响力方面的对应正面效果，如带动地方经济发展、显著地调动了用户的旅行意愿、认同民族的文化价值等。而针对主播网红化后的成名路径质疑则构成了评论语料中主要的消极认知，围绕"读书无用"和"身份危机"论调，带来了在乡村振兴方面的消极影响力效果："理塘丁真""格底拉姆管理员扎布"等都是通过淳朴的外貌包装和平台推广而走红，这样的成名路径与中国传统的"学而优"的教育理念相悖，也造成了社交网络空间中媒介资本不均衡、社会心态失衡等问题。此外，诸多用户在实际旅游之后的不良体验，也给乡村振兴带来了不良影响。

基于扎根研究所确立的因果模型，根据范畴量化可以更进一步揭示少数民族地区网络主播在乡村振兴影响力方面的差异化程度。其中，由主播人格特质延伸出的态度和认知以积极为主，尤其聚焦在对于主播带动乡亲合作致富、传播地方文化、带动当地产业经济等方面的"乡贤"价值，以及基于此而感知并评价的主播情感认知价值，如"美丽""朴实""勤劳"等个体化特征。这两个中介感知维度带来了较为核心的影响力效果，主要分别为带动地方经济发展和带动实地旅游的行为意愿。

最后，对所提出的模型加以检验调试。四川民族地区网络主播乡村振兴影响力因果评估模型的检验调试主要采取两个步骤：一是在一定的时间间隔周期内，将模型再次运用于相关少数民族网络主播的关系网络中加以评估，考察是否存在用户的评论点与主播形象建构之间的话语网络；二是将现有针对四川民族地区网络主播的影响力因果模型放置于其他地区少数民族网络主播的交互话语网络中加以考量，评估其适用性及差异性，进一步完成该模型的调试。

三、基于时间间隔周期内模型的适用度考察

围绕四川民族网络主播交互话语关系网络的评估分别在两个时间段进行，分别是 2024 年 1 月（表 2）、2023 年 6 月（表 3），主要调研对象选取三个典型四川民族地区甘孜、阿坝和凉山的代表性网络主播"甘孜文旅刘洪""嘉绒姐姐阿娟""彝人造物 CHINAYI"。需要说明的是，由于凉山地区一些网络主播的贩假以及"卖惨"博取同情等行为，这些账号被大量封禁，凉山地区目前可供选取的高流量网络主播极为有限，其中，"鬼步舞小哈哈"走出凉山发展，"吉克阿芮"创作中很少关联彝族本土文化内容，目前尚存的高流量网红在乡村振兴方面的影响力极为有限。因此，本研究选取了目前粉丝数量有限，但内容正面且具有一定的乡村振兴价值的主播"彝人造物 CHINAYI"为考察对象，以更精准地调试四川民族地区网络主播在发挥乡村振兴影响力方面的因果模型。

根据 2024 年 1 月期间三州地区代表性网络主播评论话语关键词视频梳理和范畴提取，除了"彝人造物 CHINAYI"因为所创作内容并非以人物而是民族服饰文化为主，"甘孜文旅刘洪"和"嘉绒姐姐阿娟"都具有以人物为中心的地域文化传播推广创作风格，在这种风格的用户接受认知下，形成了以主播人格为中心的地域文化认同与旅游行为意愿，因此这一时期的评论话语证实了由主播人格特质出发，在主要产生积极认知的前提下而产生的正面地域文化认同和旅游行为意愿。不过，"甘孜文旅刘洪"在这一时期的评论话语中出现了基于村民群体的消极认知，尚未对行为意愿的正面性造成直接影响。而"彝人造物 CHINAYI"凭借去人物中心化

的物感视听表达，提升了彝族服饰文化表达的审美空间，因此在少数民族地区网络主播助力乡村振兴的影响力因果关系模型基础上，补充了人格特质之外的文化物象审美认同，有利于民族历史文化和地域旅游行为意愿的积极认知塑造。

表2　三州地区代表性网络主播2024年1月作品评论话语的扎根分析

主播	典型语句	概念与频次	范畴
甘孜文旅刘洪	坚持；高大帅气；佩服；带我们了解甘孜；为甘孜旅游事业奋斗；感谢；努力；辛苦；相聚甘孜；一定要去；好领导；支持；还想再去；想去骑马；宣传家乡；卫生太差，村民素质不好；廉政为民；一身正气；推荐甘孜县；甘孜很有意思；多才多艺；流连忘返；景美人美	鼓励主播（15）认同主播的付出与担当（25）旅游意愿（20）批评村民素质（5）对地域文化风貌的认可（16）	认同主播人格特质 强烈的旅游意愿 对村民素养的疑惑
嘉绒姐姐阿娟	阿燕出品，必属精品；反骨仔阿燕；戏精；可爱；00后高手；小姑娘，我喜欢；阿娟能干；信任阿娟；正能量；就买阿娟的；阿娟是很有大爱的人；跟着娟姐混；阿娟一个人把村搞成这样不一般了；阿娟就是一道光；带着藏族群众奔向富裕的大道；亲力亲为，没有老板的架子；无私无畏；带领乡亲致富，受人尊敬；榜样的力量；阿娟的眼界和认知改变了一个村；优秀；女强人	反骨（19）喜欢（5）大爱（3）信任（3）带头人（12）尊敬（8）	认可主播的"乡贤"品质
彝族造物CHINAYI	彝族服饰很美和大气；彝族服饰非常有仪式感，神秘又强烈；彝族是一个时装秀民族；好飒；装扮高级；好美；喜欢这个民族；好有感觉	彝族（7）服饰（4）仪式感（3）美（4）喜欢（3）民族（4）	民族（服饰）视觉感知带来的民族文化认可

再看 2023 年 6 月期间三州地区三位代表性网络主播所创作内容的评论话语分析，从风格类型来看，"甘孜文旅刘洪"和"嘉绒姐姐阿娟"在这一时期虽然仍旧有部分基于人格特质的消极评价，但因为两人都借助短视频平台发展而带动甘孜旅游产业或推动阿坝民宿产业发展，但由于短视频作为引流和宣传推广平台与部分实际付出旅游行动的用户之间存在认知差，导致实际体验与预期不符，出现了不少围绕实际旅游体验过程中的消极评价，构成在主播人格特质之外，基于产业链附属的旅游体验消极认知。"彝人造物 CHINAYI"在这一时期的评论话语仍旧是围绕内容创作中的彝族服饰而生发出对于彝族历史文化、地方旅游的积极评价与行动向往。

表 3　三州地区少数民族网络主播 2023 年 6 月作品评论话语的扎根分析

主播	典型语句	概念与频次	范畴
甘孜文旅刘洪	去甘孜，求推荐；咨询游玩路线；帅气；为大美甘孜再添一把火；拦车；喜欢甘孜；善良；乡镇带头人；接地气；整顿交通和人文；内涵和教育意义；自然；为家乡努力；整改；希望改进乱收费、退款问题；一定要去甘孜；群众的智慧；榜样；致敬；安全隐患；稻城问题很多；去甘孜捧场；吃饭太坑，哄抬物价；必须去旅游消费	乱收费问题（43）对主播的赞赏（8）向往甘孜旅游（12）	实际旅游中存在较多的管理漏洞和问题
嘉绒姐姐阿娟	这个价格不便宜；真心不方便；评价太差了；藏餐不太好吃；服务太差了；特色感；人格魅力强大；用心在做；实心实意为发展当地经济的人	旅游体验不佳（25）认同阿娟人格魅力（30）	短视频宣传与民宿体验之间的落差

续表

主播	典型语句	概念与频次	范畴
彝族造物 CHINAYI	凉山彝族服饰好酷，好前卫，好高级；彝族风情；去看看那里的风景；火把节是多久；彝族文化风貌；太酷了；古老而神圣	赞赏民族服饰的文化价值（6）想去凉山旅游体验（12）	服饰文化唤起旅游意愿

　　基于上述 2023 年 6 月至 2024 年 1 月间，四川省三州地区三位代表性网络主播内容创作中的评论话语进行扎根分析，在原有少数民族地区网站主播助力乡村振兴影响力因果关系模型的基础上，可以补充包括人格特质认知之外的地域物象文化认知、审美体验等因素，以及作为短视频平台产业链的线下旅游体验感知两大要素，并最终调整为优化版的四川民族地区网络主播助力乡村振兴影响力因果关系模型（图 6）。

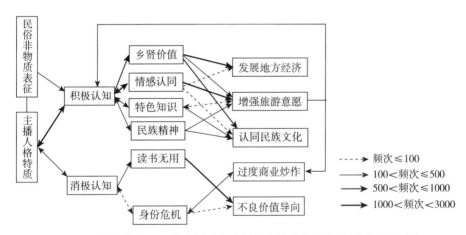

图 6　四川民族地区网络主播助力乡村振兴影响力因果关系模型优化版

　　通过对不同时段内检测所得重新优化四川民族地区网络主播助力乡村振兴影响力因果关系模型，除了增加主播人格特质认知，基于民俗特色非物质文化的视觉表征所带来的积极认知也能够为乡村振兴贡献一定的情感力量，并促成旅游意愿。此外，该模型还补充了基于线下旅游体验之后的反向认知回路。良好的旅游体验进一步反向强化对于少数民族文化或者主播人格特质的积极认知和情感认同；而不良的旅游体验则主要造成对短视频内容过度宣传的批评，进一步消极影响用户对主播人格的认知与认同。

四、该影响力因果模型在其他少数民族地区网络主播传播网络中的适配性分析

基于时段变化的主播影响力因果评估主要解决随着时间变化，用户对主播及其短视频内容的态度变化，而作为少数民族地区网络主播助力乡村振兴的因果影响，不同的地域或许还存在一定的差异。尤其是不同地域少数民族在内容创作上形成的差异是否能带来用户的不同感知并表现为差异化的评论话语？差异化的评论话语又反映了用户对于少数民族地区网络主播在助力乡村振兴方面提供了怎样的因果解读？本部分内容在时段评论话语分析的基础上，引入其他少数民族地区代表性网络主播不同时段的评论话语分析，以更好地完善和验证、调试因果模型。

当前在抖音和快手两大平台处于头部的少数民族地区网络主播"苗家阿美""272 敖其尔""哩哩丽"三位来自不同地区、不同民族身份的主播的内容评论话语分析，进一步提炼验证基于四川民族地区网络主播助力乡村振兴因果模型的效度。

首先，苗族主播"苗家阿美"开播于 2020 年 12 月，截至 2024 年 1月已积累 528.9 万粉丝，获赞 7640.9 万，通过模拟 80、90 年代苗寨乡村的家庭生活场景，将饮食起居、劳作养殖、亲朋乡亲、家庭成员等题材纳入淳朴自然的苗家传统生活场景中，寄托了无数用户对于乡村生活的美好情思。通过在线观测"苗家阿美"近一个月间共计 6 个视频、25879 条评论话语的筛选、词频统计和范畴提取，形成了"苗家阿美"对于地方乡村振兴的影响要素（表 4）。分析结果显示，虽然用户对主播具有较高的人格

欣赏与认同，并由此促成对当地生活方式的向往体验，但近段时间也出现了对主播真实身份的讨论，这些讨论反映了用户对其借助短视频策划实现自我赢利并迅速致富的资本变现行为的反感。"苗家阿美"的作品相较于四川民族地区网络主播的影响因素，出现了诸如对于地方饮食、生活使用物品等相关知识的好奇与讨论，以及对于主播家庭成员的关心与关爱。相关内容不同于四川民族地区网络主播较为直接的乡村振兴动机，体现出了潜在的振兴乡村文化、宣扬乡村品质生活、倡导中国传统家庭伦理关系的内在影响力价值。

表 4　苗族主播"苗家阿美"作品的评论话语分析

主播名称	典型语句	概念与频次	范畴
苗家阿美	他们城里的房子也很漂亮的；也带货了；博主只是拍段子，细皮嫩肉的，哪里是干活的人	城里房子（2）带货（3）拍段子（2）	反感网红媒介资本变现质疑真实性
	第一次见红薯炒着吃；没见过世面，居然能做成咸口的；鸡蛋怎么放进去的；土灶是怎么做的	第一次（14）好奇民俗知识（28）	增加了解民俗知识
	更新速度太慢了，等好久才能看；	催更（6）	内容有吸引力
	馋死了；想买洗发露；不直播吗？衣服好看	共情体验（4）消费意愿（8）	用户产生代入体验
	地方很安宁，很有人情味；我来帮你挑；风景好漂亮；好喜欢农村生活	地方认同（7）旅游意愿（6）	唤起公众的乡村认同

　　同时，本部分还选取蒙古族主播、乡村守护人"272 敖其尔"近一个月作品中的评论话语，通过对话语内容的整理、筛选其涉及乡村振兴影响效果的话语概念及其词频，在提取其范畴的基础上得出"272 敖其尔"助

力乡村振兴的因果关系话语（表5）。截至2024年1月，主播"272敖其尔"共有粉丝313.3万，获赞2519.3万。敖其尔作为一个土生土长于内蒙古草原的90后青年，一方面他凭借自然真实的生活场景加以记录式拍摄，唤起用户对于蒙古族生活场景的好奇，并增长见闻；另一方面他也适度采用了选题策划、不经意营造噱头等方式形成了其个人的独特人格魅力，使得用户对其的评论并非单纯围绕乡村文化生活，还包括对主播社会身份、个人性格等方面的讨论，成为不同于四川民族地区网络主播、较为独特的主播与粉丝互动方式，潜在服务于粉丝对主播的兴趣、信任乃至忠诚度培育效果。

表5　蒙古族主播"272敖其尔"作品评论话语分析

主播名称	典型语句	概念与频次	范畴
272 敖其尔	太好笑了；特别喜欢看；太真实了；真正的牧民；喜欢这种感觉；更新视频；生活没压力；套马的汉子；土豪；勤劳	好笑（20） 喜欢（16） 催更（14）	认同主播的身份和价值
	冷知识；好奇的是：电从哪里来？怎么取暖？洗澡咋洗？	知识（46）	传播民俗文化知识
	他们的生活简单自在；很想放下一切的繁华，享受自然生活	生活（22）	向往淳朴自然的生活

生活在云南西双版纳的主播"哩哩丽"拍摄了大量与地方食物相关内容，凭借简单直白的内容拍摄主要发挥引流的作用，实现在传播地方民俗文化知识的同时达成用户对相关物品的关注和喜爱，最终达成带货销售的目的。自2017年4月开播截至2024年1月，"哩哩丽"的粉丝数达到248.9万，点赞数为1936万。从评论话语来看，"哩哩丽"的主要话语内容围绕销售的产品展开，部分涉及对主播个人的欣赏和认同，少量体现了对当地自然淳朴生活的向往（表6）。此外，作为一位本人并非少数民

族但是生活在少数民族地区并用创作展现少数民族地区生活生态的主播，"哩哩丽"虽然没有办法像当地少数民族主播一般更为深入细致地乃至沉浸式地记录日常生活，但是其运用了更为清新且贴合当前用户审美情感需求的拍摄方式，借助简单、低成本的镜头加上声音语言，成功营造了旅游和消费的意愿，进一步凭借销售物品的好口碑，形成了粉丝增量的良性循环。

表6　西双版纳地区主播"哩哩丽"作品评论话语分析

主播名称	典型语句	概念与频次	范畴
哩哩丽	今天直播吗？想买水果；等了一年了；看着都馋；很好吃；我想去吃	消费意愿（16）好吃（20）	积极的消费意愿和体验
	冬天看你们夏天真好；好想去；最想过的生活；太幸福；喜欢这种环境；老神仙日子	夏天（4）想去（4）环境（6）	向往环境与旅游体验
	见证从小女孩变大姑娘；好漂亮	见证（3）	对主播的忠实关注
	北方见不上这种树，第一次见；和我见的不一样	见闻（6）第一次（14）	收获地方民俗知识

综上，根据分别选择的苗族主播"苗家阿美"、蒙古族主播"272 敖其尔"和西双版纳地区主播"哩哩丽"近期作品的评论话语分析，提取了在四川民族地区网络主播之外，我国其他少数民族地区代表性网络主播助力乡村振兴的影响力要素。在针对四川民族地区网络主播助力乡村振兴的影响力因果模型的基础上，三位主播作品评论话语的在线数据调研结果还补充了诸如中国传统家庭伦理、少数民族地区民俗文化知识两大积极认知。前者主要是依托于少数民族地区网络主播摄制内容所特意安排甚至建造的场景，如"苗家阿美"专门在乡村建造了 20 世纪 80 年代与 90 年代的湘

西苗家的木质土屋，还原了土灶、木椅、碓窝等苗家传统生活器具，敖其尔专门设计了蒙古包的室内拍摄，"哩哩丽"则借助自然的绿色生态场景和清凉传统的民族服饰等"副文本"视觉语言设计，成功唤起用户对西双版纳旅游和生活的向往以及对主播宣传产品的积极消费意愿。而民俗文化知识的探讨成为非四川民族地区网络主播评论话语的重要组成部分，通过唤起粉丝的好奇心和满足其求知欲而成为不断调动粉丝关注的有利要素。此外，独特的、鲜见的民俗文化生活知识很容易成就少数民族地区网络主播的内容爆款，在维持乃至有效增加粉丝数量的同时，实现振兴乡村文化、凸显乡村生活趣味的振兴价值，是少数民族地区网络主播助力乡村振兴的有力创作要素。

基于此，可以进一步调整并完善少数民族地区网络主播助力乡村振兴影响力因果模型，尤其是补充拍摄内容场景对于民俗文化知识的积极认知作用。无论是对于少数民族地区场景的视觉表征，还是以主播个人为中心的内容创作，都可以分别达成积极的或消极的乡村生态认知。积极认知中的情感认同能够较为直接地促成旅游意愿，其次则是对于主播认同基础上的乡贤价值积极感知，能够形成地方积极发展、产业转型的实际效果；而消极认知中，用户对于少数民族地区教育水平的质疑直接导致了主播不良价值导向的创作动机感知。此外，来自用户实际线下旅游体验之后的积极或消极性反馈，又反向塑造了主播的自我身份，或者是促成了更好的情感和身份认同，或者被视为一种虚伪的形象表现，即没有公益作为底层逻辑的单纯逐利行为，往往会导致粉丝对于主播的不信任，最终取消对主播的关注。

总之，随着短视频平台化发展，尤其是打造了主播通过积累媒介资本，实现社会资本、产业资本转换的渠道模式之后，少数民族地区网络主播在助力乡村振兴方面既拥有了良好的渠道资源优势，并且彻底化解了此前少数民族地区交通环境相对闭塞导致的公众认知盲区，达成了良好的展示＋引流效果；但同时也造成在少数民族地区区域经济发展速度尚未达到一定标准的前提下被用户作为"想象中的世外桃源"而加以体验，容易造成想象与实际体验之间的差异，进而导致对少数民族地区或主播的消极感知反馈。由此，少数民族地区的区域表征和少数民族地区网络主播的个人人格特质与以旅游意愿为中心的线下体验或用户变现之间构成了互为因果的影响关系，共同借助于用户对少数民族地区网络主播所创作内容的积极或消极认知两大中介要素，对少数民族地区乡村振兴发挥着正 / 负不同效价的影响效果。由此，该模型可以简化为四个关键要素组成的影响力模型（图 7）。

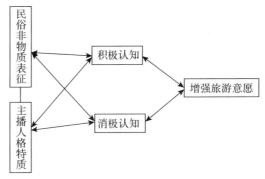

图 7　少数民族地区网络主播助力乡村振兴影响力因果简化因素模型

第五章

"后流量"时代四川民族地区网络主播助力乡村振兴影响力悖论

　　"后流量"是指短视频平台经历多年高速的用户增长之后，随着媒介面向全年龄段人员的普及，尤其是逐渐覆盖老年群体，必将达到用户增长率的峰值。随着短视频成为大众普遍使用的媒介形态，其原本有待于通过新增长用户实现粉丝增长的空间，在"后流量"的语境下，则只能通过强化竞争优势、打造自媒体内容创新特色，实现在维护已有粉丝流量的基础上，从其他自媒体平台完成粉丝分流。这意味着不同短视频平台中自媒体主播的粉丝流量增长模式，已从五年前的"增量"式发展转向了当下的"存量"式发展的阶段。尤其在短视频平台总的用户数增量有限的情况下，平台内部各自媒体主播之间不得不通过争夺粉丝的注意力、尽可能通过内容换取用户信任或共情之上的关注，否则就面临粉丝流失。当前四川民族地区网络主播一方面要面临"后流量"背景下短视频用户增量受限而导致与其他新兴、创意网络主播之间的粉丝注意力争夺；另一方面则面临着相似身份和同质内容少数民族地区网络主播之间的内部流量转换，尤其是从四川民族地区网络主播的长尾结构中，头部主播粉丝流失与尾部主播流量增长之间，预示着内部的流量更替。如何避免四川民族地区网络主播之间的内部流量竞争，实现可持续的流量外部增长，成为当前四川民族地区网络主播在"后流量"的短视频平台转型背景下亟待思考的问题。

第一节 "后流量"时代四川民族地区网络主播助力乡村振兴影响力悖论表现

虽然大部分的少数民族网络主播都凭借正面的、积极的社交网络号召力实现了一定的流量效应并带来媒介资本向社会资本转化。尤其作为少数民族乡村地区的网络主播，因为其特色的民族社群风俗习惯，更容易形成以某一代表性个体为中心的"乡贤赋能结构"，即借助一位有能力的族人，实现乡村振兴的带动效应。短视频不仅强化了少数民族地区网络主播的乡贤价值，而且借助于社会化网络传播的力量推动乡贤价值的最大化，社交网络的传输力量能够轻松跨越地域限制，达成更为广阔的粉丝凝聚效应，为地方带来更为广泛的社会关注。在社交媒体时代，社会关注意味着流量，流量意味着可以转化的社会资本，由此撬动乡村振兴的价值链。

在上一节所讨论的"少数民族地区网络主播助力乡村振兴影响力因果模型"的分析中，对于主播的积极认知虽然占据了绝大多数，并且也构成了主播赋能乡村振兴影响力的重要媒介资本。但不可忽视的是，随着时间推移，短视频从5年前的成长赛道进入当前的饱和状态，多个短视频平台在经历了迅猛的注册人数增长之后，达到了覆盖和使用人数的峰值。2020年第二季度，短视频行业历经了7年以来的用户量的首次下滑，"短视频行业进入存量时代"的呼声开始出现，短视频行业进入了头部格局稳固、精耕细作的时代[①]。"增量"向"存量"的转变倒逼短视频主播内容创作的变革——也就是在这一年，四川民族地区网络主播在用户的接受中出现了不同于以往的"龃龉之音"，或者是批评，或者是质疑，或者是讽刺与调侃，但粉丝数的普遍下降已成为不争的事实。

---

① 雪球.短视频进入存量时代了吗？[EB/OL].（2020-12-22）[2023-06-23].
https://baijiahao.baidu.com/s?id=1686765571183676624&wfr=spider&for=pc.

　　根据所选取的来自抖音、快手两大短视频平台的具有代表性的四川三州少数民族地区网络主播，分别于 2023 年 6 月和 2024 年 1 月的两次粉丝数和获赞数两项反映主播影响力的指标来看，51 位代表性主播中，粉丝数量下降的为 27 位，占比为 53%，持平为 3 位，占比约为 6%，增长占比为 41%。再进一步统计其获赞数量的增长率变化[①]，增幅最大者为"格底拉姆管理员扎布"，增幅达 164%；增幅最低者为"彝人造物 CHINAYI"，数值为 0.04%，平均增幅为 9.96%（参见附录三）。

一、跨平台头部主播的粉丝、获赞变化情况

　　由于凉山地区的头部网络主播主要占据的是快手平台，并且快手平台居前四位头部凉山主播在内容创作方面均未能直接关联地方乡村振兴，因此在头部主播的统计上，本研究采取分平台与混合平台的综合统计方式。首先，分平台来看，抖音平台的五位头部网络主播，值得关注的是，四川民族地区抖音平台五大头部网络主播"理塘丁真"、"嘉绒姐姐阿娟"、"甘孜文旅刘洪"、"卢阿英"和"小卓玛"，仅有"嘉绒姐姐阿娟"的账号仍处于粉丝增长态势，绝对增量为 1.8 万，增幅为 1.1%。其他主播在半年内的粉丝增量均为负值，降幅最大者为"甘孜文旅刘洪"，降幅达 1.8%。而就其他主播情况来看，粉丝增量前三位的分别是"格底拉姆管理员扎布"（22.7 万）、"阿来书房"（6 万）、"火哈儿 妈妈"（3 万）。而作为衡量网络主播影响力的粉丝获赞数量方面，抖音平台的五位头部主播增幅居首的仍旧是"嘉绒姐姐阿娟"，不过增幅仅为 2%，五位头部主播的获赞平均增幅仅为 0.92%，远低于纳入统计的 51 位四川民族地区网络主播获赞平均增幅 10%。

---

　　①　因为获赞数与作品数量密切相关，主播创作作品的数量与获赞量呈正相关关系，目前四川民族地区代表性网络主播在创作方面仍处于活跃态势，因此获赞数均呈现增长，但其影响力的评估主要通过增幅加以权衡。

其次，快手平台的五位头部主播分别是"鬼步舞 小哈哈""火哈儿 小队""彝娃·正华""迷藏卓玛""吉克阿芮"，2023 年 6 月至 2023 年 12 月的半年时间内仍处于粉丝绝对增量的有 2 位，分别是"鬼步舞 小哈哈"（0.9 万）和"火哈儿 小队"（1 万），增幅分别为 0.14% 和 0.4%。其他三位主播均为粉丝量下降的态势，下降数额最大的为"吉克阿芮"（1.9 万），降幅为 0.9%。快手平台头部主播获赞量增幅最高的为"鬼步舞 小哈哈"，增幅为 3.7%，五位头部主播的获赞平均增幅为 1.18%，也不及平均获赞增幅。

最后，综合平台来看，五位头部主播为"理塘丁真""鬼步舞 小哈哈""火哈儿 小队""嘉绒姐姐阿娟""甘孜文旅刘洪"。仍处于增长态势的是"鬼步舞 小哈哈"（0.9 万）、"火哈儿 小队"（1 万）和"嘉绒姐姐阿娟"（1.8 万），可见无论如何进行平台分层，"嘉绒姐姐阿娟"的增量和增幅都处于头部主播的前列。

基于跨平台四川民族地区网络主播的增长态势，从内容分层来看，处于增量态势的网络主播除了"嘉绒姐姐阿娟"在内容方面真正致力于乡村振兴、带动地方产业经济转型发展，"鬼步舞 小哈哈"和"火哈儿 小队"不仅没有助益于地方乡村振兴的直接内容，反而将落后贫穷的凉山图景作为创作背景，以此带来个人的流量效应。加之"鬼步舞 小哈哈"走出凉山加入 MCN 共创之后，其潜在的"走出大山""短视频跳舞致富"的民间话语本质上与乡村振兴逻辑相悖。另一个账号"火哈儿 小队"作为对"鬼步舞 小哈哈"的模仿，其对乡村振兴的消极影响力有过之而无不及。

从粉丝数量减少的主播内容创作来看，除了凉山主播"吉克阿芮"和"彝娃·正华"内容弱关联甚至负面作用于地方乡村振兴，其余多个平台主播如"理塘丁真""甘孜文旅刘洪""卢阿英""小卓玛""迷藏卓玛"均是有益于地方乡村振兴的头部主播，但目前出现的逐渐降低的粉丝绝对量值问题，应该引起重视。如坐拥 700 余万粉丝的"理塘丁真"半年减少 8.2 万粉丝，拥有 200 余万粉丝的"甘孜文旅刘洪"半年减少 4.6 万粉丝，

"小卓玛"减少 1.8 万粉丝、"迷藏卓玛"减少 1 万粉丝、"卢阿英"减少 0.4 万粉丝。

二、尾部区域网络主播的变化趋势及发展亮点

纳入考量的四川民族地区网络主播形成了较为显著的"长尾"形态（图 1），头部主播在 2022 年本研究开启之时具有绝对的粉丝基础优势，而数量众多的尾部主播则以相对较大的数量占据有限的粉丝基础。然而，随着时间的推移，尤其是在 2023 年开启的短视频"后流量"进程，带来了短视频主播、包括四川民族地区网络主播在内的"生态变革"——最直观的体现即粉丝数量的变化。尤其将四川民族地区网络主播的头部和尾部主播加以比较可以发现，在头部主播普遍出现粉丝数量下降的情况下，尾部主播普遍保持了较为平稳的粉丝增量状态，尤其涌现了 2—3 位极具发展潜力的主播，在粉丝和获赞方面都呈现了远超头部主播的正面发展趋势。

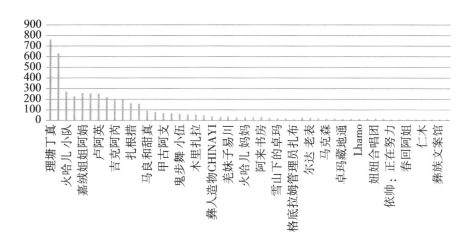

图 1 四川民族地区网络主播粉丝量分布情况表

就整体情况来看，尾部主播的粉丝基数与头部主播存在较大的差异，因此，无论是绝对变化数值还是变化幅度，其波动都小于头部主播。但即使是在粉丝基数极为有限的情况下，以往的部分尾部主播也展现出亮眼的增幅，甚至拉高粉丝数量增长的绝对量值和增幅量值。其中，粉丝数量增幅高于平均增幅（15.8%）的主播有 8 人。分别是"阿来书房"（23%）、"格底拉姆管理员扎布"（166%）、"Lhamo"（20%）、"说川普的雷神王"（48%）、"火塘（彝族非遗）"（18%）、"鬼步舞 小拉拉"（16.4%）、"鬼步舞小浪"（16%）以及"彝族文案馆"（36%）。但由于尾部网络主播的粉丝基数小，单纯的增幅只能反映相对于自身的粉丝增量，而在绝对值方面的实际效果有限，因此，将粉丝绝对值增加和增幅纳入共同考量的话，粉丝数排在第 31 位的甘孜藏族网络主播"格底拉姆管理员扎布"在半年时间内增加了 22.7 万粉丝，增幅达 166%。此外，"阿来书房"（6 万）、"火哈儿 妈妈"（3 万）也在粉丝的绝对增量上有较为显著的表现。

第二节 "后流量"时代四川民族地区网络主播助力乡村振兴影响力困境成因

基于前一节对于当前四川民族地区代表性网络主播在 2022 年 6 月至 2024 年 1 月这半年期间的粉丝、获赞数变化情况来看，头部主播的增量受限甚至有下降趋势，而尾部主播则成为粉丝和获赞等流量象征的主要贡献来源。随着"后流量"时代的短视频注意力争夺由增量进入存量时代后，增幅的减少乃至停滞是可能的，尤其是对于高度市场化和受众主导的短视频主播而言。少数民族网络主播由于传播内容的地域局限性，尤其是针对具有乡村振兴价值的内容创作而言，其内容至少在保持多年的吸引力之后进入一定的审美疲劳期，加之四川省三州少数民族地区相对独立的少数民族文化美学风格和相对封闭的社会生态，使其面临相比于其他类型主播在鲜明的长尾分化态势之外，叠加了"后流量"时代的增量困境。由此，本节主要从宏观媒介环境到中观社会文化环境再到微观主播个体语境三个角度出发，较为全面地剖析"后流量"语境下四川民族地区网络主播流量困境的成因。

一、宏观媒介生态因素

作为最客观的因素之一，媒介的社会化进程历经报纸、广播、电视、互联网再到手机媒介时代中的电子邮件、博客、微博，再到贴吧、短视频，均展现了高度贴近创新与扩散的发展机制，即在被约 15% 的社会人群接纳之后，进入快速普及的进程，随之达到顶峰后进入抛物线的下行进程（图 1）[①]。短视频在 2016 年崭露头角、在 2018 年逐渐向社会推广，并在 2019 年至 2020 年达到持续的高增长普及率，在 2020 年逐步达到增量的饱和。通过公域和私域流量的联通，采取基础设施建设和内容营销的双引擎发展战略[②]——这意味着作为一种新型媒介形态的社会推广生命周期而言，已经达到受众接纳的饱和状态，随之而来的，则有两种情况：一是该媒介持续保持与时俱进的功能拓展与形态变革，提升社会化的深度介入，在突破媒介信息传输渠道之外拓展其融入个体生活场景或服务社会、参与社会治理的增值功能，以此维系该媒介在现有受众接纳范围内的稳定预期，类似于中国版 OICQ 的发展模式；二是该媒介适应技术发展研发创建新的平台或直接被其他新的平台所取代，开启新媒介技术语境下的创新与扩散进

[①]　参照该研究对"知识"为中心的创新—扩散模型，短视频作为技术知识的一种，其技术本身的发展探索可以被视为一种知识增量，其在全社会的推广则被视为基于技术知识的扩散，与该研究结论一致，即无论是地理邻近、技术邻近，还是社会邻近，媒介技术的发展与其扩散的时移相关关系呈现为抛物线的形态，技术的知识增量在约1/5至2/5处达到技术（知识）增量的顶峰，此后进入衰减的状态，并形成长尾效应。

[②]　华尔街见闻官方.存量时代，如何获得确定性增量？［EB/OL］.（2023-02-24）［2023-07-20］.https://www.163.com/dy/article/HUBPKG6F05198NMR.html.

程。2010年张小龙团队开发移动端优先的社交通信网络微信（WeChat），6个月后，用户数量增长到2亿，再过4个月后，用户数量增长到3亿。[①]对2009年8月开始内测的新浪微博形成了直接的流量竞争。

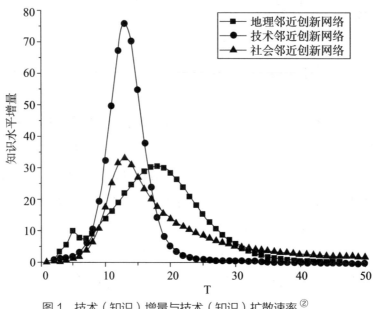

图1　技术（知识）增量与技术（知识）扩散速率[②]

1. 短视频平台化发展与社会治理角色转型带来的"村播"赋能红利

短视频作为自2012年开始逐渐进入快速普及阶段的新型媒介[③]，历经

---

① 先见vision.微信的诞生：一种闪电式扩张［EB/OL］.（2019-08-29）［2023-07-20］.https://m.thepaper.cn/baijiahao_4275462.

② 图表参见：余谦，朱锐芳.多维邻近创新网络中知识扩散模型与仿真研究［J］.情报科学，2020，38（5）：69.

③ 2012年11月，快手从最初为制作、分享GIF图片的手机应用转型为短视频社交平台；2013年9月，腾讯微视上线8秒短视频；2014年，腾讯"小视频"可以在朋友圈发布；2015年，快手迎来短视频商业场景融合开端；2016年9月，由今日头条孵化推出的抖音App上线；2017年，短视频市场规模达到57.3亿。2017年被称为短视频爆发元年。参见：韩莹.媒介社会化：短视频从登场到"称王"的十年变迁［EB/OL］.（2022-10-18）［2023-07-26］.https://m.gmw.cn/baijia/2022-10/18/36094031.html.

近 6 年的快速增长阶段后，进入 2023 年存量发展阶段。因此，在新进入的用户数量增幅锐减乃至零增长的态势下，尚未出现新兴的媒介形态进入用户视野。短视频走向平台化发展的转型变革时期，在短视频深度介入社会发展的技术交互趋势下，正逐步实现向媒介治理价值形态的转型。在此媒介社会化发展的背景趋势下，用户的需求在短视频技术架构的支持下不断衍生新的趋向，进而倒逼短视频平台内容创作不得不适时调整。

就四川民族地区的短视频平台发展布局而言，快手凭借以乡村为对象的推广战略为其崛起提供了坚实的基础，也持续形成快手平台扎根乡村场景、服务乡村用户、参与乡村产业发展的媒介生态。尤其是随着 2020 年我国由脱贫攻坚进入乡村振兴，给快手为代表的短视频平台参与国家乡村振兴的政策大局提供了媒介生态转型的重要契机。在此背景下，快手、抖音、视频号等短视频平台积极布局乡村振兴战略，包括选拔扶持"乡村守护人"等一批优质乡村内容生产者，积极开展线上与线下联动的乡村守护人评选、颁奖、产业合作等活动，努力探索短视频内容创作者与乡村文化、产业振兴之间的桥梁建设。此外，随着短视频嵌入的算法分发技术逐渐为大众所认知，算法技术也构成短视频平台引导内容生态、介入社会化生产机制的重要因素。比如，快手通过发起"农村青年主播培养计划""幸福乡村带头人""她力量""农技人计划"等多项计划和扶持政策，对于有潜力的乡村内容生产者，除了物质和精神奖励，还通过算法程序的优先推送、首屏首页的视觉优先级传播等平台技术策略，积极打造乡村振兴服务者的企业形象和国家责任意识。2023 年快手举办的追光大会上宣布发起村播"繁星计划"，通过流量与现金的扶持，培育 100 万村播和 1000 名乡村创业者，为 160 个国家重点帮扶县输送人才，提升乡村人才密度。[①] 此外，快手还为"三农"作者们提供了诸如创作者培训、社群

---

① 周燕.行走"三江六带"｜95后"新农人""迷藏卓玛"为乡村振兴赋能增色 ［EB/OL］.（2023-10-28）［2023-11-20］. https://baijiahao.baidu.com/s?id=1781003 526662755379&wfr=spider&for=pc.

服务、新手扶持、电商变现、商单合作等变现机会和扶持通道。①《村播助燃乡村经济价值发展报告》显示，2023年1月至6月，快手通过线上线下培训村播数量达10万人，带动25万人就业。截至2022年底，快手发起的"幸福乡村带头人项目"已发掘和扶持超过100位"幸福乡村带头人"，覆盖30个省市地区90个县，培育乡村企业与合作社57家，带动16个地方特色产业振兴，产业发展影响覆盖近千万人，促进了农业产业升级。② 在此媒介生态语境下，四川民族地区网络主播也形成了关注乡村优质场景的拍摄与传播，甚至实现了乡村内容生产对乡村产业价值赋能的创新探索。

当前居于头部位置的几大网络主播，大部分都是凭借具有正面乡村传播价值的内容生产而获得了平台在流量、政策方面的支持，如在2023年10月举办的第三届抖音美好奇妙夜活动上，邀请"嘉绒姐姐阿娟"与当红歌手同台演出，嘉绒姐姐阿娟和她的藏族老公阿勇讲述了他们相爱、相伴和共同开辟地方特色民宿新事业的故事。③ 尤其是嘉绒姐姐阿娟加入藏族聚居区、带领乡村民众利用抖音短视频带货致富的事迹，被抖音短视频平台成功宣传，达成了良好的示范效应。1997年出生的"95后"藏族女主播"迷藏卓玛"是快手"幸福乡村计划带头人"之一，带领村民们增收致富、带动乡村产业优化升级。迷藏卓玛不仅是快手"繁星计划"的扶持对象，成为快手上市6位敲锣受邀用户之一（2021年2月5日，快手在港交所上市），她还登上了美国《时代周刊》④。凭借快手等短视频平台的社会化发展战略以及参与社区治理、地方产业变革而达成国家政策的落实，以四川民

① 徐冰倩.海拔5000米之上，她成了全村的希望！[EB/OL].（2023-09-14）[2023-10-20].https://baijiahao.baidu.com/s?id=1777005036255040223&wfr=spider&for=pc.

② 凤雯，晓风.快手追光大会："繁星计划"未来三年将投入100亿流量，培育百万村播[EB/OL].（2023-09-12）[2023-10-28].https://baijiahao.baidu.com/s?id=1776826140453770038&wfr=spider&for=pc.

③ 消费日报网.抖音创作者"嘉绒姐姐阿娟"亮相美好奇妙夜 讲述扶贫助农背后故事[EB/OL].（2020-10-19）[2023-10-28].http://www.rmzxb.com.cn/c/2020-10-19/2692030.shtml.

④ 何召霞."虫草西施"：用电商助力乡村发展[J].农村青年，2022（8）：7-9.

族地区为代表的网红乡村主播迎来了自己的高光时刻——不仅开辟了自我职业化的道路，而且成为乡村民众致富的带头人、带动乡村地区产业结构变革的重要推动者——在此约 4 年的媒介发展红利背景下，"嘉绒姐姐阿娟"和"迷藏卓玛"等一批四川民族地区的网络主播积累了百万级的粉丝基础。

2. 短视频平台存量时代与模式固化施压村播粉丝可持续增长

正如任何事物的发展都有其生命周期，持续的高增长之后，短视频平台不可避免地迎来"后流量"时代的下半场。据 2022 年终统计数据，较之于 2021 年短视频市场最高点，互联网企业市值大多被腰斩，快手自 2021 年内高点跌去了 83%，导致其不得不重估并深度变革其核心业务。"短视频用户都接近 10 亿人，见顶只是迟早的事情，何况监督引导、整个行业从无序走向有序，以前轻舟疾行的日子一去不复返了。"① 虽然快手、抖音等短视频平台仍旧在不断探索转型变革，但是前期已经积累巨大流量基础的"村播"，却无法再凭借原有的内容生产模式持续获取新的、大量的粉丝——简单来说，一成不变的内容创作难以维持在总体进入存量时代短视频流量的持续高增长，甚至因为审美疲劳、注意力争夺、AI 等新兴技术形态迭代等原因，原有的内容创作甚至难以维持已有的粉丝基础。目前四川民族地区网络主播已经鲜见持续增长，为数不多尚在增长中的主播，真正扎根乡村的内容场景越发减少。

实际上，乡村网红自 2017 年就开始陆续遭遇瓶颈。大多数乡村网红通过早期用户积累后借助于平台的"造星"计划开始寻求商业化发展并将流量变现。6 年过去了，商业变现的乡村网红再次面临着新一轮的瓶颈。快手等平台正试图通过拓展生活化、社区化的内容创作，打造高场景、强互动的创意内容设计，但这对于乡村网络主播尤其是少数民族地区网络主播而言，存在极大的难度——一方面，这些创作者不同于城市创作者，对

---

① 吴先之 . 2022，短视频的下半场［EB/OL］.（2022-02-22）［2023-10-20］. https://www.thepaper.cn/newsDetail_forward_16788817.

于新技术、新观念有着极为敏锐的观察、借鉴和吸收运用能力，能够及时调整并转换内容，凭借创新和跟风，在一定程度上达到对年轻受众的吸引，而年轻受众恰恰是参与、分发意愿最为强烈的用户群体，优质的粉丝基础也能够反哺主播的持续增长动能。而少数民族网络主播由于其自身素养，包括知识文化水平、拍摄技能等方面的相对局限，尤其是在内容创意方面几乎无法开拓的常态化生活场景记录，进一步加剧了在当前短视频下半场变革过程中的深刻危机。阿坝主播"小卓玛"仍旧困于短视频的瓶颈之中，在商业化发展尤其是变现模式的探索上难以与短视频内容达成较好的连接，使其虽然凭借淳朴动人的藏族女童笑容斩获了百万粉丝，但因为始终缺乏更为高效的变现模式，"小卓玛"面临着陷入"下半场"的短视频瓶颈困境中，"掉粉"现象显著。①

二、中观地方社会文化因素

虽然四川民族地区独特的风俗民情恰好匹配快手"乡村"战略下的传播导向，并获得了早期乡村短视频在粉丝注意力争夺方面的红利——一方面，少数民族地区原本相对封闭遥远的自然生态空间、人文风俗借助短视频动态逼真的图像得以广泛传播给广大用户，雪域高原的雄伟壮丽、藏族神圣又神秘的建筑人文等风俗、藏羌少数民族村民淳朴又环保的生活方式吸引着其他地域受众的高度关注，因此，诸如"理塘丁真""小卓玛""嘉绒姐姐阿娟""洛桑和小志玛""马良和甜真"等来自三州地区的网络主播为广大国民所认识，快手的"迷藏卓玛"甚至在主流媒体的支持下走到了美国，丁真纯真自然的形象造成的差异化明星效应瞬间斩获数百万粉丝，这些都证明了短视频与少数民族地区的地域社会文化资源相结合所带来的巨大流量效应；另一方面，相对封闭的地域社会文化条件也导致当地民众

---

① 从2023年6月至2024年1月，对比"小卓玛"在抖音平台的粉丝数量记录可见，其粉丝数量已从193.2万人降至191.2万人。

的素养等软性条件和道路交通、居住旅游等硬件环境支撑不足，使其借助短视频传播发展的同时，不得不面临图像与现实体验之间的落差，进而导致用户期望过高之后产生的莫须有的愤怒情绪。也就是说，主播作为地方旅游文化形象的代言人，与用户的地域形象和体验期待之间存在一定的落差，夸大营销乃至过度商业宣传的弊端严重制约着少数民族地区网络主播的粉丝数量可持续发展。

"甘孜文旅刘洪"凭借其专业又不乏创意且高度适合短视频用户生态的内容创作手段，制作了大量展现甘孜美丽又鬼斧神工的自然景观视频画面，再搭配以特定节庆日仪式感的创作、跟风追随潮流的变装跳切等形式，使得"甘孜文旅刘洪"作为宣传地方文旅资源、传播川藏甘孜文化历史、讲好中国故事的半官方个人渠道，吸引了大量用户的眼球，同时还凭借刘局长特殊的身份以及个人魅力，在调动用户前往甘孜的实际旅游意愿方面也颇具效果。但是自从 2023 年 3 月 8 日开始，有用户去甘孜旅游途中遭遇当地村民拦截收取过路费事件，被网友调侃为"快乐费"，由此"甘孜文旅刘洪"的每一期作品中都出现了不和谐的声音，尤其是对当地随意收取过路费、民宿老板对客户态度恶劣等体验问题，在一定程度上制约了"甘孜文旅刘洪"的传播推广效果。根据 2023 年 6 月至 2024 年 1 月间该账号的粉丝数据统计，"甘孜文旅刘洪"的粉丝数从 253.4 万降至 248.8 万，减少绝对值达 4.6 万，甚至超过四川民族地区居于尾部的网络主播的全部粉丝量，是本研究纳入统计的 51 位代表性网络主播之一的"彝族文案馆"半年内粉丝增加绝对值的 3.5 倍。①

---

① 具体数据可参见附录三：四川民族地区代表性网络主播半年流量变动情况表（2023 年 6 月—2024 年 1 月），粉丝量居于统计对象最末端的"彝族文案馆"，在该时间段内，粉丝量从 0.36 万增加到 0.45 万，增幅达 36%，但其绝对增量仅为 0.12 万。该主播粉丝的最大增量绝对值（0.12 万）相较于头部主播"甘孜文旅刘洪"粉丝最大减量绝对值（2 万）而言，相距整整 3.5 倍——这意味着，从整个少数民族网络主播的流量趋势来看，头部主播的增量瓶颈开始出现，粉丝量下滑危机显现；而新生的少数民族网络主播除了抖音"格底拉姆管理员扎布"之外，其余新主播在越发激烈的"后流量竞争"中成长缓慢且（接下页）

此外，四川民族地区网络主播由于所在地域的局限，创作风格同质化现象严重。尤其是快手所倡导的"记录日常生活"的直接客观拍摄方式，凭借简单、无障碍的拍摄方式迅速取得了大量四川民族地区网络主播的青睐，"迷藏卓玛""洛桑和小志玛""小卓玛""阿古甲支"等都采取了直接拍摄、简单记录的方式，基本没有剪辑艺术的体现。这样的简单拍摄模式在短视频快速发展的阶段固然可能凭借新鲜、猎奇的自然景观和独特的民宿生活风情赢得流量支持，但随着更多新颖的短视频内容创作者的出现以及创作方式的加速迭代，这种原始的自然拍摄模式除非追求猎奇和奇观化、事件性的呈现，否则越发存在失去关注度的风险。

三、主播个体认知等因素

四川民族地区网络主播的身份构成目前已经具备四类：一是在当地村寨生活多年的少数民族个体，他们熟知家乡的风俗习惯、保持着基本原生态的日常生活，短视频的拍摄作为生活记录的一部分，随着流量粉丝的积累逐渐占据生活的重心，如"迷藏卓玛""洛桑和小志玛"等；二是当地青年外出求学后作为返乡人士组织的民族特色短视频创作，如凉山的"妞妞合唱团""彝人造物 CHINAYI"，阿坝州的"马良和甜真"，甘孜州的"遇见娜姆"等，知识青年将其所具备的才艺知识运用于短视频内容创作之中，拓展了当地短视频的风格形态；三是地方具有一定文化或行政身份的主体创设的半官方性质的账号，如"甘孜文旅刘洪""阿来书房""彝族文案馆"等，这些主播的创作具有较强的目的性，或者借助视觉达成文旅资源的宣传，或者通过文史资料的整理展示达成对当地历史文化的宣传与精神建设；四是当地民众，无论是少数民族或是汉族，短视频作为其带货

艰难：一方面，从整个少数民族网络主播的流量池整体来看，新旧主播的粉丝分流情况开始逐渐显现；另一方面，大量新生少数民族网络主播之间存在典型长尾结构，进一步加剧头部与尾部主播之间的流量竞争趋势。

的展示窗口，创作内容主要围绕日常种植和产品本身的展示推广，如"茂县格满初藏羌土特产店""凉山葡萄妹""凉山拖鞋妹"等（参见附录三）。此外还有一种特殊类型，以"理塘丁真"为代表，在地方政府、文旅部门和短视频平台的多方合作下，打造并包装少数民族地区的本地人士，凭借其社会宣传和网络造势的能力，完成造星式的主播孵化，再进一步用于地方文旅宣传、形象代言等。甚至凭借其广泛的影响力进入线下的娱乐圈，成为流量明星。

然而从 2023 年 6 月至 2024 年 1 月半年间的主播粉丝变化情况来看，除了"马良和甜真""阿来书房""彝族文案馆""妞妞合唱团""茂县格满初藏羌土特产店"等主播仍存在较为稳定的粉丝增量，虽然他们分布在四个不同的类型之中，但总体来说，制作精良、带有一定情节性的作品相较于单纯记录生活、制作相对简单化的创作而言在当下更具生命力。这也说明随着短视频"后流量"注意力竞争白热化时代的到来，少数民族主播越发面临自身创作思维、模式和艺术技能方面的转型短板。因此，当前"后流量"背景下四川民族地区网络主播的发展困境部分由于主播自身的知识素养和创意思维局限，尤其是在凭借前期日常记录式创作积累大量粉丝后，形成了创作风格的固化，风格转型也并非易事。加之越来越多的新创作类型不断涌现，少数民族主播内部也形成了相互的流量争夺，对头部主播审美疲劳后的用户正逐渐转向新的少数民族主播，甚至转向其他题材和领域的主播类型。

此外，四川民族地区网络主播存在一个难以化解的成名悖论——大部分当地本土的少数民族主播在受教育水平、知识素养方面存在显著短板，而一旦借助短视频的流量成名之后，便容易形成"读书无用论"的负面示范效应。比如，较为典型的"理塘丁真"等，虽然在一定程度上通过展示家乡为当地带来了实际的文旅形象推广，但也引起了一些质疑。

还有一种潜在悖论，则是部分四川民族地区网络主播存在违法、不理性的创作观念。比如，凉山阿布、孟阳等一批主播售假卖假，还有一些头部顶流主播如"鬼步舞 小哈哈"，虽然至今仍有众多粉丝追随甚至持续涨粉，但是其潜在的成名逻辑则是将凉山的贫困作为其借助短视频"卖惨"而暴富的背景，以烘托其励志的主题，并最终走出大山。在如此错误价值观的主导下，一众制作粗糙的鬼步舞主播出现，并纷纷模仿其创作方式，这意味着将有价值的、真正有助于乡村振兴的粉丝注意力争夺分割，也在一定程度上加剧了当前四川民族地区网络主播的注意力危机。

第三节 "龃龉之音"：用户社会认知对四川民族地区网络主播的影响

如果说当前四川民族地区网络主播在"后流量"语境下面临的流量危机和粉丝持续化增长悖论主要源于宏观语境、地域环境和主播个人素养的话，那么用户作为最核心的力量，既是主播们奋力争取的对象，又潜在促成了主播的创作风格本身。因此，用户对于主播的评价话语也在一定程度上反映了主播的吸引力以及用户的满意度、偏好等。因此，本节主要聚焦于粉丝数量下降显著的代表性主播，通过梳理、挖掘不同短视频评论区中带有显著负面情绪或态度的话语，并通过词频统计、话语范畴提取等扎根方法进一步明确用户视角下四川民族地区网络主播流量悖论的成因。

根据前期统计的 51 位代表性少数民族主播的粉丝变化情况，粉丝居于下降趋势的为 23 位（表1），其中绝对值降幅居前五位分别是"理塘丁真"（–8.2万）、"甘孜文旅刘洪"（–4.6万）、"吉克阿芮"（–1.9万）、"小卓玛"（–1.8万）、"扎根措"（–1.8万）。

表 1 2023 年 6 月至 2024 年 1 月间四川民族地区网络主播粉丝数跌幅排行

主播名称	所属区域	粉丝数 / 获赞（万）2023 年 6 月	粉丝数 / 获赞（万）2024 年 1 月	创立时间
理塘丁真	甘孜	766/9256.3	757.8/9304.6	2020.11.21
甘孜文旅刘洪	川藏甘孜	253.4/4445.1	248.8/4469.2	2021.4.11
卢阿英	峨边	252.4/3579.1	252/3600.7	2019.9.18
小卓玛	川藏	193.2/4479.2	191.4/4527.9	2020.4.23
扎根措	川藏	160.7/1797.3	158.9/1837.9	2019.6.2
遇见娜姆	甘孜黑水	63.7/631.1	63.2/641.7	2020.12.2
彝人造物 CHINAYI	凉山	35.2/2015.3	34.9/2016.2	2019.2.20
茂县格满初藏羌土特产店	茂县	33.3/346	33.2/348.3	2018.8.25
羌妹子易川	川西甘孜	33.2/87.4	32.9/88.3	2018.9.22
龙阿红	凉山昭觉	32/318.8	31.9/319	2019.11.3
凉山葡萄妹	大凉山	28.5/300.9	28.3/302	2018.8.29
凉山布西农副产品经营部布西山货	凉山	15.2/66.6	15.1/67.0	2023.7.23
乌撒和阿妈	大凉山	0.55168/8.7	0.5153/9.0	2022.7.15
彝娃·正华	大凉山普格	230.7/1502.2	229.6/1505.9	2018.9.29
迷藏卓玛	稻城亚丁	215.4/1652.3	214.4/1667.7	2017.7.4
吉克阿芮	大凉山	202/3487.2	200.1/3496.0	2017
彝宝	大凉山	76.6/633.8	76.4/639.7	2018.7.21
鬼步舞 小伍	大凉山	56.9/441.5	56.4/443.4	2019.11.30

续表

主播名称	所属区域	粉丝数 / 获赞（万）	粉丝数 / 获赞（万）	创立时间
		2023 年 6 月	2024 年 1 月	
L 果果	小凉山	55.7/835.6	55.3/844.9	2016.12.9
木里扎拉	大凉山	54.2/491.5	54.0/495.1	2019.3.16
扎西娜姆	凉山木里	7.4/69.8	7.3/70.7	2020.6.16

一方面，四川民族地区网络主播作为一种能够积极响应国家乡村振兴政策措施的力量，发挥着短视频作为"新农具"、拍短视频作为"新农活"的新产业结构转型实践价值；但另一方面，随着短视频进入"后流量"转型背景的存量竞争时代，少数民族网络主播作为一种特殊的短视频内容生产主体，也伴随着短视频用户的感知需求而发生着悄然的身份和角色变迁现象。有必要从用户的角度，探寻四川民族地区网络主播基于受众评论话语中对于主播角色转型的想象与期待。

基于上述降幅排名，选取粉丝降幅绝对值前五位的四川民族地区网络主播，通过对其近半年内的作品评论话语中带有显著负面态度或情绪的话语加以整理统计并进一步借助话语范畴提取等扎根研究，以深度探寻用户视角对网络主播的态度变化。分别选取"理塘丁真"半年内 15 个作品共计 110210 条评论。根据能够提取到的带有显著负面评价态度的话语频次和范畴分析，发现促成丁真走红的"纯真""甜野男孩"等标签构成了当前用户的主要批评焦点，尤其是丁真明星化包装路线导致大量因为纯真而关注丁真的粉丝大呼"变了"而导致粉丝流失。

如果说丁真作为四川民族地区网络主播类型之一，主要凭借其自然淳朴的形象气质而斩获粉丝，但同时也面临着四川民族地区网络主播的共性用户认知悖论——教育素养短板和商业明星变现模式对初心的颠覆。那么同样属于四川藏族网络主播的"小卓玛"，则有类似的走红风格，并且尽可能地避免被资本包装而陷入过度商业化的陷阱，但仍旧面临着粉丝取关的困境。2023 年 6 月至 2024 年 1 月半年间，小卓玛凭借天真无邪的童真原本应该是四川民族地区网络主播乃至全国各类网络主播中的一颗纯洁明珠，但也减少了 1.8 万粉丝，其"原生态、无污染"的独特风格虽然难免有些使人审美疲劳，但坚守初心力避商业侵蚀的坚持却不得不面临渠道变现难、继而影响其作品创新。通过采集"小卓玛"近半年共计 25 个视频作品、45268 条可见评论进行话语分析后发现："小卓玛"粉丝的负面评价主要体现在对其过度商业化的担心、质疑其将教育置于本位的初心以及高度同质化内容使人产生审美疲劳三个方面（见表 2）。

12 月 24 日，"小卓玛"创作了上学的视频，但是仍旧无法挽回用户参与度降低的困境：此前"小卓玛"作品的评论数量基本保持在 3000 条左右，并且负面评论极少；此条短视频内容的评论数仅 486 条，除了大量负面评论被删除的可能解释外，积极用户的参与度在降低已成为不争的事实。"小卓玛"作为当前四川民族地区网络主播中头部流量粉丝流失的典型代表，在丁真之外提供了另一个潜在的用户认知偏差——保持初心的创作虽然可以维护四川民族地区网络主播的"淳朴"特质，但无法满足在"后流量"注意力内卷式争夺的背景下用户审美疲劳的困境。

表 2　藏族主播"小卓玛"的负面评论话语扎根分析

主播名称	评论话语	词频统计	范畴提取
小卓玛	感觉她笑得累；小孩的专属假笑；现在商业笑	质疑笑的真诚（2）	避免过度商业包装和营利导向
	纯洁的小女孩，不要成了网红	忌惮网红身份（2）	

主播名称	评论话语	词频统计	范畴提取
小卓玛	千万不要让商业广告玷污了她	担心商业化侵扰（2）	避免过度商业包装和营利导向
	能认识汉字吗？要多学文化，少上网	倡导受教育为本（4）	看重网红知识素养及其正面引导功能
	拍一些孩子真实的样子	对模式化内容审美疲劳（2）	对主播内容模式化的审美疲劳

四川民族地区网络主播在"后流量"时代的悖论与困境还深刻体现在官方主播之上："甘孜文旅刘洪"无论在创作的技术创新、频率方面均在四川民族地区网络主播中居于榜首，其创作团队多次被用户关注并认可。此外，容易被诟病的过度商业化问题在"甘孜文旅刘洪"这里也并非主因，"甘孜文旅刘洪"的创作被赋予一个极有价值和正义性的动机框架，因此在一定程度上避免了陷入淳朴与商业之间的少数民族网络主播发展悖论，此外还建立了个体的吸引力效度——凭借助力地方文旅发展、一己之力改善地方旅游资源开发与建设、提升甘孜文旅形象宣传与推广品质乃至优化甘孜地区产业经济结构等，无疑为刘洪局长奠定了良好的用户形象认同。不过，这也带来了四川民族地区网络主播在"后流量"时代的一个新悖论：平衡官员与网红之间的界限无疑需要投入智慧，但更多的则表现为在带动甘孜文旅产业发展和形象推广的同时，真正形成联系民众、为广大赴甘孜旅游的用户提供优质服务体验的公共服务者角色定位。如果将文旅局长＋网红的敏感身份转化为真正发挥服务百姓、带动地方致富的功能角色，才能够避免从乡村网红的商业化发展悖论跳出后又陷入流量投机主义的用户反噬中，进而补充四川民族地区网络主播助力乡村振兴的角色身份

塑造。

综上，四川民族地区网络主播在"后流量"的短视频转型时代背景下，历经 3 年左右的缓慢转型，在 2023 年形成了从量变到质变的大幅转型。一方面，四川民族地区网络主播形成了早期高流量主播与新兴创造性主播之间的内部流量竞争，在总用户量增长放缓乃至停滞的背景下，少数民族题材和内容创作的吸引度不得不靠引入新的主播、开发新的创造性内容来维持。然而，传统主播由于其早期粉丝积累过程中采用的简单记录式创作方式以及个人素养的限制，导致其风格转型和创新内容受到阻碍，造成了转型所带来的用户认知偏见，导致了原本在短视频发展早期成就其名气和关注热点的风格反而在"后流量"的内卷式注意力争夺下变得陈旧与束缚，限制其进一步转型发展的空间。另一方面，个别具有创新意识的高流量少数民族网络主播，虽然可以打破民族地区内容创作的风格局限，甚至走流行时尚的引领道路，但是由于少数民族网络主播的特殊身份限制，使其在粉丝积累达到一定的程度后，试图突破少数民族网络主播的身份，走商业化明星化的发展道路，则面临着用户的不认同，乃至潜在的仇富心理，使得少数民族网络主播身份成为其进一步借助短视频平台实现产业化资源转型中的障碍。加之短视频平台化发展所带来的主播个体与产业等社会资源的关联性进一步加强，不仅主播对自我角色塑造有所变化，而且用户对于主播的认知和情感等需求也在悄然变化。总体而言，通过选取四川民族地区代表性粉丝数量降低的网络主播，尤其从其用户评论话语的反馈中提取的范畴信息，总结当前用户对于四川民族地区网络主播的普遍社会认知包括以下几个方面：

首先，存在着少数民族网络主播成名动机与短视频商业市场化事业发展路线之间的认知或认同悖论。尤其是在少数民族地区这一相对经济不够发达、尚在探索产业振兴升级的地域环境下，个体网红的成名动机在短视频商业化的流量裹挟下很容易被用户异化感知，严重的话，可能摧毁少数民族网络主播塑造的淳朴人设，乃至影响用户对地域形象的认知。"理塘丁真""小卓玛""迷藏卓玛"等流量主播无不受到此潜在用户认知的影响，一方面使其在后流量短视频时代难以找寻到合适的内容转型与创新发展路径；另一方面则面临两个充满壁垒的极端，或者走高度市场化的商业路线，却不得不被用户质疑其初心何在，或者坚守初心，却仍旧在粉丝的慢速流失中遭遇用户审美疲劳，被轻易取关。由此，如何打破用户对当前少数民族网络主播淳朴形象与短视频平台化发展所不得不重塑主播市场资源中介形象之间的矛盾认知，达成二者之间的有效转换，成为少数民族网络主播在"后流量"短视频发展背景下的可持续发展有待解决的关键问题之一。

其次，少数民族网络主播无形之中所被赋予的"乡贤"身份，使其个人名誉与地方乡村集体致富或发展紧密关联。这一用户的社会认知在无形中强调了少数民族地区网络主播的公益身份内涵，而一旦其内容创作仅服务于个人名誉并转化为商业资本，无法实际服务地方发展、集体利益之时，则会遭遇话语上的批评与行动上的排斥。个体成名与地方集体致富之间一旦出现了罅隙，则能够被广大短视频用户敏锐捕捉，甚至演变为舆情事件。"甘孜文旅刘洪"也因为用户的评价而不断调整个人创作内容，如在 2023 年 7 月 1 日建军节当天，刘洪身着军装搀扶老红军重走卢沟桥，唤起了诸多用户的情感共鸣，从当天作品的评价内容来看，刘洪将自我的形象展示与重要的国家节庆紧密结合，融入家国情怀，较好地平衡了个人成名与集体动员之间的相互辅助效果。

最后，广大用户对少数民族网络主播存在着隐晦的同情认同，潜在地影响着少数民族地区网络主播在内容创作中的形象塑造。并且从大量的少数民族地区网络主播的流量偏好来看，那些展示自我生存艰辛、勤劳品质的内容更容易得到用户认同。从深层次的角度来看，少数民族网络主播通常只能塑造一种勤劳发家、劳作致富的劳动者形象，最终仍旧满足了长期以来潜在的城乡二元结构背景主导下的角色分工。这就导致了少数民族网络主播主要满足了用户的同情认同需求，甚至只能依靠刻意地矮化乃至丑化场景来满足用户的潜在需求而获取流量。长此以往，一方面少数民族网络主播的内容创作受到用户的刻板印象所影响，另一方面则导致了少数民族网络主播在内容创作上"卖惨"、哭穷的刻板思维，严重限制了少数民族网络主播的多元化发展与创新。如凉山地区的流量主播"鬼步舞 小哈哈"，凭借在贫穷落后的黄泥铸造的土屋前跳鬼步舞而走红。2023 年，"小哈哈"走出大山，加盟 MCN 公司，在女伴的配合下开启了新的事业发展阶段，其开跑车的镜头成为经典的励志场景，被疯狂转载百万次。还有粉丝将"小哈哈"在土屋前跳鬼步舞的视频与他开跑车的画面交叉剪辑，塑造了其走出大山、短视频致富的励志偶像形象。作为一个超高流量的少数民族地区网络主播，暂且不论其是否为家乡乡村振兴带来实际的带动价值，他个人的励志故事已无形中讲述着"暴富才能走出大山""哭穷可以赚取流量"的流量密码。"小哈哈"的走红以及当前的成功转型，使其成为为数不多的、在"后流量"转型背景下依旧保持粉丝绝对值增长的少数民族地区网络主播之一。"小哈哈"的成名与他将凉山土屋作为背景、让传统甚至相对落后的爷爷出镜配合其现代的鬼步舞而产生的视觉反差无疑在一定程度上满足了受众的同情、励志等认知情感，由此撬动了流量密码。但这种刻板印象是否能够助力乡村振兴？"小哈哈"的励志暴富经历虽然是响应了国家将短视频作为"新农具"、拍短视频作为"新农活"的乡村产业转型改革号召，但是其最终走出大山、远离家乡谋求发展的选择是否真正有助于乡村振兴？是否将个体成名与集体的发展形成联动等问题，都无疑受困于用户刻板印象对少数民族网络主播形象塑造的影响限制。

综上，少数民族网络主播在"后流量"转型背景下的形象发展困境，在很大程度上不得不归因于用户的认知情感需求，乃至通过参与少数民族网络主播内容创作的评论话语而无意识透露出潜在的影响力量。从负面态度和情感的用户话语表达中，可以从另一种视角评判四川民族地区网络主播通过内容创作服务乡村振兴的影响力效果。

第六章

四川民族地区网络主播
助力乡村振兴影响力
提升机制

　　根据前期的调研基础，以及不同变量条件下的少数民族地区网络主播影响力评估指标体系，少数民族地区网络主播短视频创作及其价值效果的达成至少包括三个重要维度：一是以主播主体形象塑造等人格特质为中心的塑造；二是以平台内容创意、产业价值嵌入以及资本转化为中心的产业链发展趋势；三是主播人格与产业链之间的互动匹配关系，以更好地实现由媒介资本向社会资本乃至产业资本的转换。由此，少数民族地区网络主播对地方乡村振兴影响力的提升策略有待于从主播人力资源培育、短视频平台产业链建设、社会资本转化效益这三个方面协同施效，以达成少数民族地区网络主播影响力提升和优化的可行机制。

第一节　优化并完善主播人力资源培育

　　首先，基于图像—语言交互效果分析获取到的少数民族网络主播的社会传播网络来看，以少数民族网络主播为主体的乡村短视频中，网络主播个体的身份特征、网络形象等构成了乡村短视频用户以情感等感性感知为中心的联结脉络。短视频用户对于主播的人格特质、身份形象，尤其是借助短视频塑造的特定人设，成为维系短视频用户与网络主播关系的重要前提。如"嘉绒姐姐阿娟"，通过设定其远嫁、返乡创业、帮助当地致富等一系列的身份形象，成功打造了多层次的新时代女性榜样形象，成功营造了短视频用户的情感认同与行为追随的效应。首先，阿娟凭借远嫁藏族小伙、放弃国际导游身份返乡创业的故事书写，塑造起勤劳致富、饱含情怀的独立女性形象；其次，阿娟在短视频创作类型上，还着重塑造自己作为妻子、两个孩子的妈妈等中国传统女性的温柔贤惠形象，深得国人的心理情感认同。正是这样全面、立体而又符合中国传统女性形象的认知塑造，使阿娟的短视频生产能够获得广泛的社会支持，并能够显著发挥其基于人格魅力而产生的社会资本向产业资本转移的可能性。

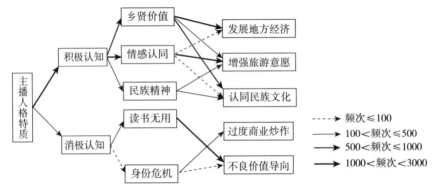

图1 基于网络主播评论语料三级编码的乡村振兴影响力因果关系模型

当前，四川民族地区网络主播的人格塑造既有一定的共性特征，又有一定的个性价值。在共性方面，少数民族网络主播的人格特质往往被塑造为勤劳致富、淳朴善良，凭借返璞归真的真实自我，赢得用户的偏好；在个性方面，部分主播凭借明星化的形象生产方式，打造具有西部少数民族特质的偶像身份，或通过乡村主播职业化、性别化的特质身份营造，建立起相对权威的形象认同机制，潜在形成以网络主播为中心的资本转化中介场域。主播的形象身份认同是构成短视频IP培育、价值转化、产业链打造的重要前提。然而，从当前少数民族地区网络主播身份形象塑造的特征来看，仍存在过度明星化导向带来的价值观认知偏差，或因为长期形象塑造造成的刻板印象导致了少数民族地区网络主播形象固化的刻板印象认知，在后流量时代面临着产生审美疲劳的转型困境问题。因此，少数民族网络主播的主体形象塑造有待放置于后流量背景下加以重新审视，从人设打造、人格形象塑造到身份与产业之间的匹配度三个方面建立少数民族网络主播的形象塑造机制。

一是重视人设，借助故事塑造具有人情味的典型人物。当前短视频平台化的发展，在赋权个体的同时，也更加强调具有鲜明特色和认知价值的主播人物，作为带动短视频内容创作与用户接受之间标准的桥梁，主播的人设直接影响短视频内容的主题、中心思想、社会价值和意义等方面，成为一种潜在影响主播短视频是否具有流量效应的根本载体。虽然少数民族网络主播中产生流量网红具有一定的偶然性，但偶然之中有必然，具有高流量的少数民族网络主播在人设上往往具有普遍价值特色。

基于首因印象理论，短视频平台主播的人设打造首先需要建立一个具有大众认同度的人情味故事，比如通过特定的人生经历等故事的包装，形成较为稳定且具备普遍标识度的受众认知。如"嘉绒姐姐阿娟"，展现了一个放弃海外导游工作、为爱返回异乡，把他乡当故乡并积极参与守护与建设的外来媳妇形象，成功获得了当地人乃至其他用户对其身份的赞赏与认同。甘孜州的"马良和甜真"则塑造了一对生活在偏远乡村且生活甜蜜幸福的老夫妇形象，并且一家人依托短视频展开的乡村生活创作，也真正践行并发扬了"新农人"的正面形象；"遇见娜姆"中的娜姆作为返乡人士，自然成为展现家乡新风貌的代言人；"迷藏卓玛"则是生活在高原、依靠挖虫草，与女儿一同生活的藏族女性，她淳朴真实的姿态也赢得了公众的赞赏与认同，并且毫不掩饰自己凭借短视频过上好生活的真实境况；还有"格底拉姆管理员扎布"，以管理员这一职业而建立起来的既帅气又充满责任感和乡土意识的藏族青年男性形象。这些类型丰富、充满人情味、符合大众心理感知，并最终符合"乡村守护人"或"乡贤"定位的人设形象，书写了返乡创业的励志者，热爱家乡、振兴家乡的倡导者，均充分将对乡村的情感转化为可供消费的"物质形态"，为基于平台媒介的产业链打造奠定了基础。

二是常态化打造主播的人格魅力，寻找符合用户感知和接受心理的人

物性格品质。通过平台的标签或通过故事包装的主播人设，可视为最基本
的人设设定，然而如何使主播人设在时代发展和媒介技术演进中时刻保持
更新与迭代、顺应以短视频为依托的媒介化社会的公众需求，成为短视频
主播人设设定的持续追求。如果说讲故事、设置标签等方式打造的初级人
设仅能形成一种较为类型化和第一印象的主播关注的话，那么日常的短视
频创作，尤其是定期更新的短视频作品从策划、选题到镜头等视听语言细
节的呈现，都成为更为深刻塑造主播人设的重要手段。

其一，借助格式化和简单化的常态人设塑造方式，即通过同样的固定
镜头、反复播放的音乐、类似的画面场景等方式，形成某一主播创作类型
的稳固风格。由于短视频作为娱乐工具，在一定程度上主要满足用户的娱
乐化需求，因此简单化乃至重复的风格的作品形态虽然粗俗，但却因为调
取占用的认知资源有限，能够满足部分用户轻松娱乐的需求，而受到一定
的流量青睐。早期如"迷藏卓玛"，就是通过反复呈现的挖虫草的镜头和
画面，成功塑造并建立了稳定且便于识别的少数民族主播身份；"小卓玛"
通过固定＋中景/全景镜头，在几秒钟的时间内反复呈现女孩小卓玛在雪
域高原、川藏草原等场景中无忧无虑嬉戏玩耍的神态，其重复化、简单化
的信息传播给予用户较强的松弛感与"治愈"效果。

其二，通过短视频日常选题的策划与创作，借助多元的视听话语，积
累短视频主播的内在人格特征，进一步丰富并完善主播前期身份设定中更
为深层次的性格、形象特征。作为更深层次的主播形象塑造，短视频的日
常选题策划和创作，不同于格式化的视听表达所达成的主播身份塑造，在
日常短视频创作中的选题、主播人物形象的视觉呈现、短视频叙事结构等
诸多的副文本信息都构成了潜在的乃至无意识的主播形象塑造。如"格底
拉姆管理员扎布"除了凭借帅气、淳朴以及公共职业化的藏族形象博得了
一定的身份认同，常态化发布的短视频作品也持续强化了扎布作为保护藏
族聚居区生态、带动旅游文化资源方面的公共身份形象，"带大家参观一
下藏族人的家"等作品选题强化了扎布作为川藏格底拉姆地区主人翁的形

象，同时也在推介、传承和传播藏族传统文化中，建立起热诚、积极的有责任感的职业形象。"嘉绒姐姐阿娟"在日常创作中的选题策划也颇具典型性并呈现出了伴随短视频流量积累而形成的阶段性策划特征。早期阿娟的账号主要围绕藏族文化的展示，随着阿娟开发地方民俗产业和相关农特产品的带货之后，阿娟的作品策划主题涵盖了作为母亲的温柔形象，以及作为妻子勤劳持家等特性，还有与地区乡亲之间密切交流、带动地方致富的"乡贤"形象。正是基于这样的丰富立体的短视频选题策划，用户对阿娟有着较高的评价，如"最优秀的城里姑娘""了不起的阿娟""能干的女人""勤劳致富不怕吃苦"等。

其三，从主播产业链建设的角度反向挖掘主播 IP 价值，建立具有强关联价值的主播—产业接受链条。短视频作为一个平台化的媒介，其迥异于传统媒介的最大特点就是基于主播个体媒介而产生的个体资本—媒介资本—社会资本的转化机制，平台提供了个体借助于身份形象展示而附加的影响力，并为影响力的社会价值变现提供技术支撑。早期短视频作为内容创作媒介，主要是发挥短视频的内容生产作用，这一阶段的短视频发展主要借助网络主播具有创意化的内容生产达成巨大的流量效应；随着短视频用户增长量的持续稳步提升，短视频平台化的转型进一步提供了与主播及其作品内容相关联的产业链属性，尤其是通过直播带货将内容生产中的主播影响力资本转化为用户的信任感，通过相关联的实物得以价值变现。在主播个体资本向媒介资本和社会资本转化的过程中，短视频的内容生产与主播的带货效果之间存在较为显著的匹配关联关系，网络主播的形象塑造有必要紧密围绕产业链的价值变现展开。

首先，提升主播的性别价值 IP 塑造与产业链匹配程度。根据目前对四川民族地区网络主播的短视频再现民族志调研发现，当前少数民族地区网络主播由于性别差异而呈现出较强的内容风格特色，女性网络主播更偏向于通过作品的情感叙事来塑造精神形象，以此达成流量的忠诚度，并带动价值变现；而男主播则更偏向于凭借其外在形象、专业程度来赢得用户的青睐。在带货方面，用户对男主播的信任感、崇敬感和虚拟的亲密关系想象成为男主播价值变现的主要创作趋势。因此，进一步强化四川民族地区网络主播基于用户的性别消费想象而实现短视频资本变现的效率，是当前提升四川民族地区网络主播影响力的策略之一。

其次，挖掘主播的生态场景与用户消费意愿的关联度。由于短视频用户的关注点普遍在于主播自身的身份和人格特质，短视频内容本身并不具备价值变现的功能，而只能通过与主播个体密切关联的附属价值实现变现。对于少数民族＋乡村地区的网络主播来说，地方的农特产品虽然具有与主播身份匹配的必然性，但因为当前乡村短视频作为农特产品带货平台被广泛运用，如何打造符合少数民族地区特有的、高度契合网络主播个人身份特质的带货效果，则有待于从主播、场景、产品之间谋划更为巧妙的关联。"洛桑和小志玛"主打父女亲情的创作题材，植入了采摘菌类、挖虫草等地方生活场景。因此在菌类、虫草的延伸产业链方面达成了良性的价值转化，而在突然售卖牛肉干时遭遇困境——牛肉干产品与洛桑短视频内容之间缺乏关联度，尤其是在常态化的日常创作中没有建立与牛肉干产品相关的认知线索，加之洛桑作为主播在创作中更多侧重于博取公众对其好父亲、好丈夫等男性身份特质的认知。可见，主播在日常创作中的身份形象塑造，尤其是与身份形象相关联的生态场景的相关建设，能够为带货产品提供良好的价值关联。简言之，主播如果仅仅侧重于自身的形象建设，会在产品带货方面存在一定的局限。尤其是少数民族地区的网络主播，更多地有待于借助所处的乡村民俗场景和生态空间，在赋能其身份建构的同时，提供带货产业链延伸的可能空间。作为少数民族地区网络主播，更应该区别于其他主播在颜值、时尚等方面的发展优势，致力于将自我形象身份的打造与地方乡土的生态和文化背景紧密关联，才能更好地撬动短视频平台＋产业链的带货能力。"嘉绒姐姐阿娟"在日常创作中嵌入正在建立的民宿产业，将短视频创作的场景扎根于民宿内部，甚至培育民俗产业链中的其他青年群体，书写他们的故事，均体现了将主播的身份建构与场景紧密关联，并带来良好资本转化效力的正面案例。

最后，建立主播与地方乡土资源相关联的可转化价值 IP。媒介化社会中信息冗余给有机体带来认知资源的过度占用，使得有机体在流量媒介时代更加易于接纳具有"标出性"的信息形式。所谓"标出性"，也就是具有典型标识度、暗合有机体认知情感心理的符号或物象。一方面，此类"标出物"极易被受众识别，另一方面，有机体在识别"标出物"的过程中能够较好地节约认知资源，带来轻松愉悦的体验的同时，甚至产生使人上瘾的感知效果，继而有效促进认知—行为决策，触发强烈的行为意愿。此认知变革模式应用于当前短视频的平台产业发展中颇有借鉴和应用意义——短视频的内容生产作为调动并影响有机体感知的重要对象，其内容的"标出性"或易于识别与否，直接决定了受众能否产生持续的、上瘾的愉悦体验，进而决定了有机体行为决策效果，并最终决定是否将消费偏好转化为消费行为，也就是达成主播的价值变现。IP 培育作为一种易于识别并达成惯性感知和品牌忠诚度的符号化策略，目前已经被广泛应用于短视频内容生产领域。四川民族地区网络主播的 IP 化运作也已经初见成效，如"理塘丁真""甘孜文旅刘洪"等网红 IP，成为带动地方文旅产业、达成主播影响力变现效果的成功范例。不过，丁真的 IP 孵化主要侧重于其质朴纯真的外形外貌特征，但随着丁真名气的增长以及"草根明星"的IP 孵化策略，却产生与其本身的淳朴特质相背离的时尚化、城市化明星形象，还招来一定的质疑批评，甚至存在"掉粉"等现象。因此，四川民族地区网络主播的 IP 孵化一方面固然需要借助其个体的身份特质，但更需要强化其身份与当地生态环境、乡村民俗文化的紧密结合，否则，可能会导致 IP 认知与受众偏好之间的背离。甘孜文旅局局长刘洪虽然因为其公职人员身份遭遇质疑，但是其始终把自身 IP 的打造与地方文旅产业发展、甘孜州形象推广、乡村振兴等领域密切关联，即真正通过孵化自身为"乡村守护人"的形象，而产生了个体 IP 与更为潜在的公众感知偏好之间的共通性，成为具有持续增长潜力的 IP 符号。

第二节　强化并拓展短视频平台产业链建设

主播的形象认知与内在品质的认同固然是短视频获取流量、培育忠诚稳定用户群的首要标准。与此同时，短视频平台化的发展趋势意味着短视频不仅局限于内容生产，还需要依托短视频媒介平台延伸相关的产业链。除了内容引流＋直播带货的直接变现方式，用户关注焦点的快速迭代，更意味着有待探索并构建新的产业链体系。因此，出现了短视频IP＋线下产业、短视频＋嵌入式好物等方法。

尤其是少数民族地区短视频的平台建设，在产业链方面存在着更高的门槛，由于长期以来的城乡二元结构背景认知，会潜在影响少数民族地区网络主播短视频创作中的话语建构思路，限制短视频内容创作的同时也抑制了产业链的拓展路径。以凉山州地区为例，凉山地区的网络主播因为长期以来的二元结构化思维，形成了通过"卖惨"、哭穷来获取流量和关注的创作思维，长期且大量的网络主播在这样的创作思路引导下，试图通过讨好、迎合的方式达成影响力的积累和变现。由此，大量的凉山主播主要通过带货地方农特产品的方式建立产业结构，此结构的风险在于货品的销售动力源于用户对主播的同情，而一旦主播获益，用户基于对弱势对象的同情消费动机就会消失。基于此，少数民族地区网络主播的产业链建设有待从"平台＋产业"的模式创新、民族特色短视频的感知（偏好）与（消费）行为意愿两方面入手，寻求通过短视频内容生产和平台化运营，推动少数民族地区网络主播产业体系的建设。

一、打造符合民族地区特色、发挥地方资源优势的平台＋产业模式

短视频平台化发展带来了突破媒介体制本身的信息生产和传播价值，

其所附加的产业效能，一方面赋予短视频创作主体更为丰富的权力，包括话语权力持续积累和传播而生成的物质权利；另一方面则潜在地改造着短视频媒介生产的形式与空间，大量通过前期的内容积累粉丝流量的主播不得不面对带货和流量变现的问题，简单粗暴的直播带货不仅无法稳固主播在媒介空间中的话语地位，反而会招致用户的反感，从而陷入"掉粉"的困境。基于此，如何更好地认知短视频平台产业模式，并结合民族地区短视频内容创意和产业关联特色打造符合地方实际、发挥地方资源优势的短视频＋产业模式是当务之急。

首先，少数民族地区的短视频平台化的价值功能恰在于建立了乡村的信息开放传输渠道，尤其是在文化和产业两方面形成了突破。在文化方面，短视频所赋能的个体展示窗口，使乡村首次打破了封闭的空间信息系统，无障碍地被展示于公众目光之下，同时也成为公众再认知乡村的重要平台。因此，短视频提供了乡村文化再现、建构乃至重构的视觉展示平台。乡村首次以如此通俗的方式完成其形象再生产的过程，在诸多乡村主体参与的短视频创作中，乡村可能被理想化为乌托邦，也可能被真实呈现为生活空间。乡村文化借助短视频内容生产得以被深刻重建；在产业方面，短视频的平台属性极大地延伸了短视频内容生产之外的产业价值。短视频内容成为传统媒体时代的广告媒介，为幕后更为广阔的产业主体提供了展示和推广的窗口。短视频创新驱动下的直播带货、电子商务平台、地方文旅产业、乡村物流等相关联的产业链得以形成。

其次，少数民族地区短视频平台相较于其他短视频垂类具有天然的典型性，必须兼顾流量价值和公共话语责任。少数民族地区网络主播的短视频风格主要体现在其生态场景的民族特色、地域资源的乡土风貌、人文关系的传统样态、共同体话语的价值引领等多个方面，使其从内容生产到产业链全业态整体呈现出不同的格局。特别是出于民族主体的特殊身份而潜在地被赋予的中华民族共同体意识形态话语价值，使得少数民族地区网络主播的短视频生产在发挥个人民族和区域民俗特色的同时，还必须肩负起展示民族地区乡村风貌、中华民族共同体等意识形态的话语引领责任。在此特殊使命的话语功能价值导向下，少数民族地区网络主播的短视频生产不仅要充分调动公众的兴趣，更广范围地获取稳定的流量增长，塑造成功的少数民族主播人格形象；还要强调其参与民族地区形象建构乃至文化振兴的重要公共价值。由此，少数民族地区网络主播的短视频生产需要在市场性和公共价值之间寻求平衡，在充分凸显其民族文化特质的同时，还要思考如何将民族文化的特质转化为有效的中华民族共同体意识凝聚、民族地区乡村振兴的实际效益。

最后，挖掘少数民族网络主播短视频内容＋产业的地方匹配模式。短视频作为以内容生产为基础的产业联结平台，一方面，延续了传统媒体借助视觉影像大众传播而形成的文化建构与地域形象推广作用，注重地方场景内容生产在潜在带动文旅产业方面的驱动力；另一方面，主动搭建地方场景与地方农特产品的场景或价值关联产业链，提升短视频平台附属产业链的延伸性，如短视频＋地方农特产品＋地方物流体系建设、短视频＋文旅服务（包括餐饮、住宿、交通、导游等产业链）、短视频＋地方影视产业（包括引入相关影视公司进行拍摄和影片制作、提供影视拍摄周边服务、打造影视基地等）。

二、基于用户感知偏好－行为意愿的少数民族地区短视频平台＋产业模式

少数民族地区的短视频具有独特的垂类特征，并且兼顾满足受众偏好与发挥国家话语的引领作用，要真正实现少数民族地区短视频平台化驱动的产业发展，流量背后所反映的受众偏好成为产业链建设成功与否、产业链价值能否变现的首要基础。因此，少数民族地区网络主播参与的短视频创作必须充分考量受众的感知偏好与行为意愿。

首先，从当前四川民族地区优质的网络主播及其短视频内容生态来

看，有担当、勤劳、朴实的少数民族地区网络主播能够形成良性的、相对稳定的受众感知偏好。充分发挥少数民族地区网络主播在淳朴自然、勤劳致富、乡村守护与文化产业振兴方面的受众关注焦点，在打造和培育少数民族网络主播形象时，将受众的感知偏好纳入主播形象的塑造之中。尤其是借助短视频主题中与亲情和乡亲相关的家庭伦理场景，间接地、潜在地、持续地打造建立主播的人格特质形象，往往能够带来较为稳定的流量增长。如"马良和甜真"通过策划并展示阿坝乡间老夫妻的生活，塑造了在日常生活中相濡以沫、在吵闹中见真情的淳朴亲情。虽然该账号建立时间不长，但在半年内的粉丝增长数量仍较为可观。

其次，少数民族地区网络主播创作的短视频内容中附属的乡土情怀、能够满足受众乡愁情感以及乌托邦想象的情感价值也成为受众感知偏好的关键要素。少数民族网络主播的短视频创作大多以呈现主播的视角，展示其日常生活的方方面面，以此塑造个人形象。但从用户的评价来看，除了主播人格特质的感知偏好，主播所处的生态环境、嵌入的场景等语境信息也成为用户易于感知的对象，并且往往提供了乌托邦的情感想象，或满足其童年怀乡、城市生活的乡愁情思。因此，如何在主播形象的塑造之外，潜在植入对于民族地区乡村生活的质朴与自然之美，满足公众的情感寄托，也能够凭借对主播的情感依赖建立良好的感知—行为转化效果。随着短视频平台化发展以及变现功能成为主播的普遍认识，当前四川民族地区网络主播逐渐从早期的单纯内容创作开始转向以自身短视频为中心的平台产业链建设。当然也有诸如"迷藏卓玛"在内容创作初期就已经实现了内容与产业之间的衔接，比如挖虫草、采野生菌等内容转化为相关农特产品的线上销售。但仍有诸如"小卓玛"一类的少数民族网络主播在内容创作和产业链搭建之间缺乏明显且自然的衔接。实际上，从"小卓玛"的评价话语内容来看，其所提供的治愈价值、情感依赖等仍在一定程度上转化为文旅价值，但是因为其意图不明显，也未在视频内容中显著植入明确的场景，因此转化的效果不够理想。

最后，充分挖掘少数民族地区网络主播评论区的舆论导向引领和潜在意识导向，能够有效促进地方文旅相关话题的讨论，并促成行为意愿的达成。短视频平台化、产业链的打造固然依赖于短视频内容生产所带来的引流作用，但在一定程度上，主播的短视频内容选题策划和创作与受众的感知和接受、解读之间存在一定的偏差。除了视频内容对受众感知—行为意愿的影响，如何充分发挥评论区的舆论话语引导作用，通过主动地介入和设置评论议题，达成从视频内容到评论话语的议题显性引导，成为当前少数民族地区短视频传播的重要考量。因此，在内容创作之外，当前主播短视频作品之下的评论生态也有必要主动介入乃至参与议程设置。通过对当前四川民族地区网络主播的民族志观察来看，"嘉绒姐姐阿娟"和"甘孜文旅刘洪"两位主播与评论区粉丝之间的互动较多，尤其是阿娟在引领粉丝将对自身的关注与家乡的文化、生态环境、旅游住宿紧密关联起来，甚至直白地表达"欢迎入住倾城民宿"，将视频中相对隐晦的产业价值变现意图在评论区实现直接话语表达，在促进和推动粉丝对主播及其短视频内容的感知偏好向前往当地旅游的行为意愿的转化方面有所成效。刘洪则通过积极回应粉丝旅游过程中的困难与疑惑，在短视频内容引流的基础上，逐步搭建起基于评论生态的公共话语空间，甚至延展为少数民族地区文旅产业治理与规范化管理以及官民共治的公共空间，充分发挥了"短视频平台＋产业"更为丰富的社会价值潜力。

三、依托智能技术拓宽少数民族地区网络主播的产业赋能领域

短视频平台化发展的底层驱动力还在于媒介技术迭代所赋予的传播技术革新。就短视频而言，内嵌的算法推送技术不仅决定了短视频内容面向用户的可见性，还潜在塑造着短视频内容的策划与生产风格。四川民族地区网络主播的短视频生产实践也不得不将技术，尤其是人工智能算法推荐

技术、云端电子商务、数字特效等技术的影响机制纳入考量。

1. 人工智能算法推荐技术在一定程度上影响少数民族网络主播短视频的可见性，应主动预判短视频算法推荐的趋势，优化短视频创作主题，并持续提升可见性。短视频基于算法推进而形成的传播趋势具有一定的偶然性，抖音平台的算法推荐通过设置三级流量池来实现优质短视频或用户关注度高的短视频的流量赋能，并通过设置一定的话语参数，在一定程度上兼顾流量效应与意识形态责任。能够成功突破三级流量池的短视频内容，具有一定的热点效应，通过触发能够满足受众心理预期的话题，形成一种独特的短视频主体风格，并被诸多其他短视频创作主体争相模仿。对于短视频的算法推荐，一方面需要主动创新风格，通过新颖有特色的作品来触发受众的关注效应，形成流量的"自来水"效应，如四川民族地区一度流行的"美女背重物""高山挖虫草""野外吃饭""鬼步舞"等；另一方面，也需要主动关注短视频和其他的算法推荐视频，紧跟受众最新的关注焦点，通过蹭热度、追时髦等方式，将自身的创作与流行风格相互嫁接、模仿，通过标签效应进入算法推荐系统之中。目前，四川民族地区网络主播凭借进入时间早、风格独特的创新方式，形成了诸如"挖虫草""鬼步舞"等流量模式，但也有诸如"甘孜文旅刘洪"对变装、古风等容易纳入算法推荐的潮流样式的模仿与借鉴，成功实现了作品的流量化传播。

2. 发挥少数民族地区网络主播的群体协作或团队等规模化，采用联合创作、围绕产业链孵化账号矩阵等 MCN 模式，主动建设并发挥短视频账号的矩阵传播优势。算法固然是短视频作品获得流量的智能影响因素之一，但短视频平台的算法机制作为一个无法被彻底量化计算的"黑箱"，其本质目的还是根据预判受众的感知偏好来实现作品的分层传播，实现优势资源的精细化管理。而除了被动等待算法眷顾，或者迎合算法进行创作设计，还可以通过主动培育账号矩阵，实现关联账号的抱团式发展，形成主动的流量效应。比如"嘉绒姐姐阿娟"，在自身账号之外，还围绕其丈夫、女儿分别设置了账号，同时还将经营的线下民俗产业中的工作人员作为作品拍摄的素材，逐步包装孵化了一批围绕倾城民俗的新兴主播。个体＋家庭＋工作的矩阵式账号体系实现了多元内容的覆盖，并达成相关领域题材用户的精准覆盖，可视为一种以流量主播自身为中心的 MCN 账号运营模式，能够最大化地将主播已有的流量资源稳固、持续扩张、全面覆盖。甘孜州政府为了带动地方文旅资源的发展，先后培育了"理塘丁真""甘孜文旅刘洪"以及"遇见娜姆"等不同类型和风格、彰显地方民族文化特色的主播，达成了很好的宣传效果。这可视为在智能算法推荐无法被清晰预知的背景下，少数民族地区借助 MCN 的渠道运营模式，实现主动应对智能算法推荐盲目性和偶然性的一种思路与策略。

3. 充分开发探索短视频平台＋电子商务的技术拓展模式，丰富线上展示＋带货（农特产品）、线上＋线下产业联动（民俗文旅等）、线上／线下资源互补（影视小镇、基地展示＋引流等）的多元产业模式。算法推荐技术主要主导短视频内容的可达性，而短视频本身的平台价值则通过电子商务的平台技术拓展而成为短视频主播延伸产业链、实现价值变现的可行路径之一。较为传统的短视频＋电子商务模式主要是通过短视频内容引流＋带货的方式来实现，随着越来越多的主播参与到短视频生产＋直播带货的模式之中，并且相互之间的价格战等恶性竞争不断给主播带来一定的负面影响，短视频变现的平台化发展模式亟待创新。而从四川民族地区的短视频主播创作来看，虽然也经历了传统引流＋带货的模式，并且仍旧以这种模式为主导，但是随着政府、县级融媒体、专业影视传播公司等多元力量的介入，少数民族地区网络主播短视频＋的平台模式也得到了进一步拓展。比如通过与主流／官方媒体的联合，可以实现少数民族主播媒介资本的积累，继而形成一种潜在的"乡贤"力量，将周边诸多分散的农户聚集起来，成为当地乃至周边地区的在线推广与展示渠道，而地方政府也在此过程中参与推介、搭建零散农户与主播之间的联系，由此形成以主播为中

心的地方产业 + 社会治理乃至乡村凝聚力的纽带。此外，少数民族地区的网络主播天然的文旅推广和营销优势，也成为地方政府宣传和文旅产业建设的重要辅助，线路的规划、新旅游景点的开发与建设、地方环境资源的保护，乃至地方影视资源的开发等基于少数民族网络主播而形成的延伸产业链，得以形成并将继续拓展。

4. 将元宇宙、数字特效等前沿影视技术应用于少数民族地区网络主播的短视频内容生产之中，丰富短视频内容 + 的表现形式和对用户的代入、沉浸体验效应。短视频平台化的发展固然离不开产业链的延伸与拓展，但其内核仍离不开以视觉影像为中心的信息传播与受众说服效果的达成。因此，如何优化短视频视觉影像内容的呈现，更好地发挥短视频的视觉影像信息传播效果，提升短视频用户感知—行为意愿，则有赖于新的影像呈现技术在短视频创作中的应用与实践。目前，基于数字特效、虚拟互动技术所能够实现的乡村元宇宙影像创作已经在部分乡村影像中运用，而短视频中则已经采用数字特效、虚拟互动、三维动画等综合特效技术对视觉影像画面、叙事进行改造与优化。四川民族地区网络主播的短视频创作目前大部分仍以传统的、记录式的影像叙事为主，少量采用了短视频平台提供的简单特效工具。也有部分主播如丁真，由于具有较高的人气价值，而率先在短视频创作中运用了更为前沿的特效呈现方式，用于展现高原生态的美景，从用户评价来看具有较高的认同度。可以预期的是，随着特效技术的推广和普及，以及短视频整体进入后流量时代的发展趋势下，四川民族地区网络主播的短视频生产也将逐步摆脱简单粗糙的影像呈现方式，进行更为精细、前沿的技术创新探索，例如特效 + 动画 + 交互等技术创新所带来的沉浸式互动体验，不仅能够有效增强短视频的表现力和感染力，而且还能强化短视频的沉浸式体验，拓宽短视频 + 的产业形态，如云旅游、乡村元宇宙等新业态，能够更好地为用户提供少数民族地区的文化生态感知和旅游意愿。

第三节　提升少数民族地区短视频
主播的社会资本转化效益

短视频平台化的发展进一步加深了依托短视频平台所形成的多元资本积累及其内部转化。短视频平台所提供的产业链发展从本质上而言正是资本多样性延伸及转化效能提升的产物。尤其是个体资本、媒介资本、社会资本三者之间的转化（见图 1），成为当前少数民族地区网络主播提高其影响力的重要考量之一。

一、厘清并打通少数民族网络主播短视频创作的延伸资本转化的链条

依托于短视频平台的媒介赋能，少数民族地区原本相对封闭的人文生态区位得以实现广泛的、大众化的传播和全民开放认知。少数民族人民主体从个人形象、文化特质、生活风俗等相关的区域内容，在短视频所提供的影像呈现中成为一种可被展示的文化资源，由此形成包括个体、地域文化和相关隐性地方资源在内的多元视觉形象，并成为促进短视频用户观看感知、消费行为在内的多元社会资本网络。

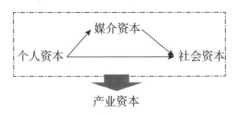

图 1　少数民族网络主播短视频创作中的资本转化环节示意

首先是主播自身的个体资本，短视频发展所带来的赋能作用，凸显

并培育了个体基于自身价值而塑造的个体资本。少数民族地区网络主播相较于其他地区的主播，在形象气质、语言文化、生活习俗等方面均存在典型的差异，在短视频所塑造的大众信息传播情境下，具有独特风格气质的主播形象往往更能够带来用户因猎奇而产生的流量效应。因此，少数民族网络主播的个人资本就在区别于其他网络主播的特色民族文化形象中被确立起来。除了主播外在形象，少数民族地区原本封闭的、原生态的生活场景，也成为塑造主播自然、淳朴等值得信任的形象标签等附加因素，为用户提供了较强的心理情感价值，构成了少数民族网络主播个人资本的重要维度。

其次，短视频作为信息媒介，其视觉化的曝光和广泛的社会传播都形成了一定的社会关注度，关注度本身是一种注意力资源，构成了短视频的媒介资本，媒介资本的积累意味着粉丝及其背后的流量效应，在一定程度上可成为潜在的话语引领和行为动员力量。除了传统媒体将媒介资本变现的广告功能，短视频的媒介资本还包括形成一种稳定的情感、思想认同关系，乃至在关键时刻发挥意见领袖的舆论引导力量。由此，少数民族地区网络主播在短视频的赋能下还形成了可观的媒介资本。除了通过短视频内容生产而持续建立的用户关注基础，还包括了作为特殊区域具有民俗文化形象的话语主体，在主流乃至官方媒介的支持和背书之下，相较于其他短视频主播，少数民族地区网络主播还具备与国家话语密切关联的媒介资本。尤其是作为乡村守护者、非遗文化的继承和传播者，其在媒介资本上更具有公共属性和社会价值。

最后，主播个体资本和短视频传播所形成的媒介资本，最终还是借助于线上与线下的联动与对接，形成了线上影响力对线下地方建设、乡村振兴、民族共同体构建等更深层次、更全面的社会资本的建立。短视频平台化的发展也间接推动了媒介化社会的形成。所谓媒介化社会，就是发挥媒介的大众参与、信息沟通与社会治理的功能，让媒介成为一种与社会生态协同发展并弱化其物质性感知的一种交融状态。在短视频媒介化的语境下，短视频凭借其主播和媒介的资本积累，最终融入地方社会治理与发展进程之中，尤其是短视频对少数民族地区、广大乡村地区的主动参与、介入，在推介、传播民族地区、乡村民俗文化的同时，也间接打通了超越乡村的农特产品市场、人力资源、文旅产业等多元产业的广泛辐射空间。

当然，虽然短视频在少数民族地区的普及确实为主播与当地社会发展赋予了巨大的能量，但是不同资本之间的转换、匹配与衔接，并非单一的资本因素所能决定，而是要形成个体资本、媒介资本与社会资本之间的联动，打通各环节之间的阻碍，如主播进行跨乡镇的资源整合等，则有待于借助政府等相关组织的力量来推动完成。

二、深挖并拓展不同维度资本转化的空间，丰富资本转化过程中的增益效能

例如，少数民族网络主播固然可以凭借短视频的媒介功能积累个体资本，在个体资本达到一定程度时，实现个体资本与媒介资本之间的转化互动。当少数民族网络主播得到短视频平台乃至传统媒体平台的关注和支持时，通过形成矩阵化的主动介入式推介，增强短视频的曝光率、识别度，也间接提升由媒介资本向社会资本转移的脉络——在新旧媒体平台得以被推介的网络主播，凭借传统媒体乃至主流媒体的背书，就短视频用户而言具备更加充分的信任感，基于此信任而来的忠诚的关注度、情感认同或依赖乃至行为的追随等，构成了主播个体资本向社会资本转化的基础。由此，主播得以将社会乃至国家的意识形态责任纳入短视频创作的话语机制中，在追求市场效应的基础上追求社会公共价值的实现。"迷藏卓玛""嘉绒姐姐阿娟""甘孜文旅刘洪""理塘丁真"无不是在获得一定的个人资本后，被抖音等短视频平台所包装和推介，在积累媒介资本后进一步寻求社会资本的转化，在赢得市场效益之外，更寻求作为公共主体的社会责任，诸如振兴乡村产业和文化、带动地方致富发展、促成多主体参与的地方社

会治理等。

　　此外，在少数民族地区网络主播媒介资本向社会资本的转化过程中，考验的则是主播在不同村镇地域范围之内的号召力和影响力，如何获得外乡乃至其他村镇、县市相关农户的信任，需要当地政府的帮助，并通过设计更为科学合理的利益分配机制，优化管理制度，为主播的跨区域联动产业链建设提供充分的条件。

三、遵循短视频资本转化过程中的机制规律，提升资本转化效率

　　部分少数民族网络主播借助短视频创意实现了原始的资本积累，但是如何将已经形成的资本实现跨越式的转化并且提升转化效率，是短视频进入后流量传播时代的必经之路。当前四川民族地区网络主播已经完成了一定的人力资本积累，但媒介资本以及社会资本的转换性获取，则不仅有赖于主播创意性的短视频内容生产，还需要通过自身的形象包装，尤其是服务于国家战略需求的身份塑造，才能借助媒体平台之间的互联，达成媒介资本更为广泛的拓展；而社会资本则一方面需要主播自身建立值得信赖、能够收获用户忠诚度的人格形象，同时还需要将这种形象与线下的社会人际网络密切关联，以及在产业链的拓展方面，只有充分考量并将地方村民的利益纳入考量，甚至建立利益共同体，才能更好地达成主播媒介资本与社会资本的良性转换。从资本转换的角度而言，"嘉绒姐姐阿娟"的做法值得借鉴，阿娟从最初的内容创作积累个人资本后，又广泛宣传自身为爱远嫁他乡、勤劳经营的成功女性形象，获得了地方主流媒体、抖音平台乃至中央级官方媒体的关注和推介，进一步完成了媒介资本的积累；此后，阿娟在经营线下民宿的同时，采用了众筹和分红的经营方案，在政府的背书和支持下，成功建立了集体制的乡村民俗产业，还积极参与地方民俗旅游教育工作，持续打造自身的公益形象，并成功完成了媒介资本与社会资本的转化。

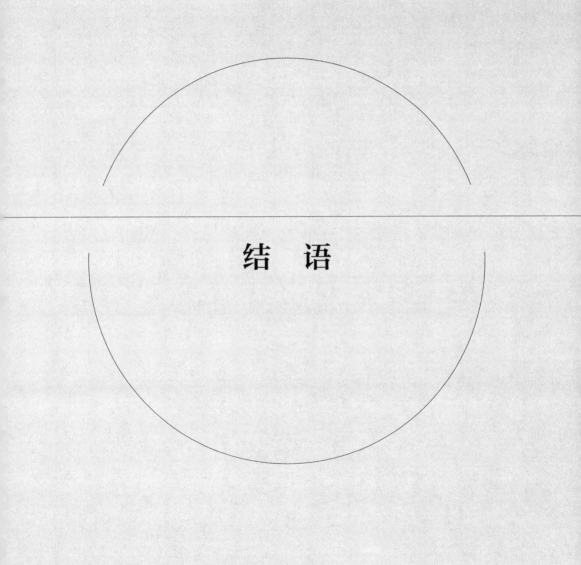

结　语

　　自 2020 年我国取得全面脱贫攻坚胜利以来，中共中央多次发文围绕乡村振兴进行宏观的政策配套与引导。2021 年 1 月 4 日，中共中央、国务院发布《中共中央　国务院关于全面推进乡村振兴加快农业农村现代化的意见》，文件明确将乡村建设摆在社会主义现代化建设的重要位置，全面推进乡村产业、人才、文化、生态、组织振兴，充分发挥农业产品供给、生态屏障、文化传承等功能，走中国特色社会主义乡村振兴道路，加快农业农村现代化，加快形成工农互促、城乡互补、协调发展、共同繁荣的新型工农城乡关系，2022 年 1 月 4 日，中共中央、国务院出台《关于做好 2022 年全面推进乡村振兴重点工作的意见》，在"聚焦产业促进乡村发展"的政策举措中，明确提出"推进现代农业产业园和农业产业强镇建设……实施乡村休闲旅游提升计划……实施'数商兴农'工程，推进电子商务进乡村。促进农副产品直播带货规范健康发展"。这两个政策文件的出台，体现了中央对乡村振兴工作的重视，并且从具体的政策内容来看，乡村振兴在党中央的引导下正从理念方向逐渐进入实施细则和具体的路径方案。

　　短视频和直播媒介技术带来的数字平权效能，进一步使四川少数民族村寨文化进入大众观照视野，但其中潜藏的商业资本流量逻辑，也造成了少数民族地区视觉景观的他者化和弱势化。在此情形下，如何更有效地发挥国家乡村振兴各项政策措施接轨实施于四川民族地区，发挥民族地区网络主播助力乡村振兴的影响力、感召力与带动力，实现包括民族地区在内的共同富裕，成为亟待实地调研的重要问题。

一、四川民族地区网络主播助力乡村振兴的研究背景

为了更好地获取相关的一手数据，本研究采用了人类学的田野调查方法，成立以项目负责人为组长的项目调研工作组，深入四川甘孜、阿坝、凉山等共 6 个县开展工作。调研小组一是自觉坚守扎根一线作风，实地走访四川民族地区网络主播及其所在村镇，全面真实了解少数民族地区主播数字劳动与媒介、社会资本转化的衔接情况与成效。二是力求摸透实情，历经 180 余天，线上线下走访网络主播 25 位，同时与 2 个县委书记、13 名村干部进行访谈交流，努力做到网络主播作为中心调研对象之外的村民和村干部的广覆盖，全面了解主播数字劳动在民族地区乡村振兴中的真实影响力及其在产业链转型方面的困境。三是突出问题导向，及时摸清民族地区网络主播在发挥带动乡村振兴作用方面的困境，结合政策和制度层面研究解决深层次、共性问题。为了解并摸清当前四川民族地区网络主播在带动乡村振兴、促进乡村产业变革升级方面，打下坚实基础。

二、如何助力：四川民族地区网络主播的短视频实践效能

调研发现，随着短视频自 2017 年在四川民族地区推行使用以来，一是短视频为少数民族地区传承千年文化遗产并脱贫致富带来新生机，有效打通了精准扶贫的"最后一公里"；随着短视频基础设施化和普及程度的进一步提升，头部少数民族地区网络主播在带动地方致富乃至推动乡村产业转型升级方面成效显著。以往，民族地区广大民众在信息生产环节处于弱势，常常"谈手机色变"；现在短视频作为"新农具"、拍短视频作为"新农活"正成为普遍认知；二是头部民族地区网络主播凭借媒介资本

积累与社会资本的转化，成为新时代数字社会"乡贤"，并以其影响力从产业渗透到基层管理和治理方面，成为与村干部、村级党组织的"得力干将"，数字媒体打造的"乡贤"相较于传统乡贤具有更广泛的资源连接意义，并且在社会影响和行为示范意义上，具有更强的带动作用，为村镇干部的管理提供了抓手。三是国家、平台、基层党组织在帮扶、培育民族地区网络主播方面发挥着"一条心"的整合力量，为民族地区塑造头部网络主播、借助网络主播传播民族地区新形象，并建立全链条的民族地区人文历史多元产业体系，形成了坚实保障机制，并不断改革创新升级民族地区产业发展模式机制。上至国家乡村振兴在民族地区各项政策措施的落实，下至各类短视频平台积极配合国家乡村振兴政策将市场培育与流量扶持重点扎根于广大中国乡村地区，民族乡村自然成为平台与国家政策配合关切的重点。快手的"幸福乡村代言人"、抖音的"乡村守护人"等活动，将一个个具有潜力的四川民族地区网络主播推向全国乃至全世界，为民族地区乡村振兴书写了浓墨重彩的一笔。

三、转型危机：后流量和技术变革语境下的主播实践

但本次调研也发现了一些切实存在的问题，尤其是四川民族地区网络主播发展瓶颈与转型等问题。这些问题如果不被重视或者解决不好，近则影响脱贫成色与振兴成果巩固，远则影响乡村振兴、共同富裕政策战略在四川民族地区的实施效果。问题主要存在于以下几个方面：

（一）主播分布存在结构性矛盾

当前四川民族地区网络主播分布结构长尾效应显著，流量过度集中带来头部主播在展示民族地区形象风貌时"窗口效应"不足，导致公众对于民族地区形象认知单一，因此存在民族地区乡村产业结构"再固化"的风险。通过对快手、抖音、视频号三大主流媒体中四川民族地区网络主播的

梳理和整理，2016 年至 2023 年四川民族地区网络主播的账号注册量经历了 2020 年的浪潮之后趋于平稳发展（图1），当前活跃在三大平台的四川民族地区网络主播有 50 余人，抖音和快手分别拥有一个少数民族主播顶流，快手为"鬼步舞 小哈哈"，目前粉丝量为 600 余万人，但目前正处于转型之中，未来将会离开凉山签约外省 MCN 独立发展；抖音顶流为"理塘丁真"，目前粉丝量为 700 余万人，两个平台头部粉丝量在 200 万人以上的共 7 人，仅有 18% 的主播贡献了 80% 的粉丝数量，10% 的主播平均粉丝数为 50 万人，其余 72% 的网络主播仅有 10 万人左右的平均粉丝量，呈现出典型的长尾形态（图2）。

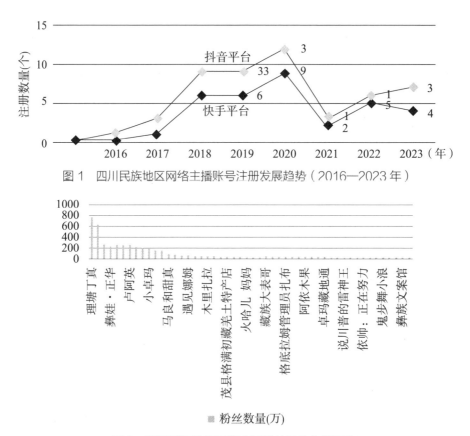

图 1　四川民族地区网络主播账号注册发展趋势（2016—2023 年）

图 2　四川民族地区网络主播粉丝量分布情况表

（二）顶流主播影响力后劲不足

尤其在"后流量"转型预期下，少数民族网络主播面临三大困境。

1. 审美疲劳的转型困境

"后流量"时代短视频平台竞争红海危机，粉丝由增量转变为存量式发展，流量竞争越发激烈的背景下，民族地区网络主播不得不面临粉丝被分流的趋势（图3）。

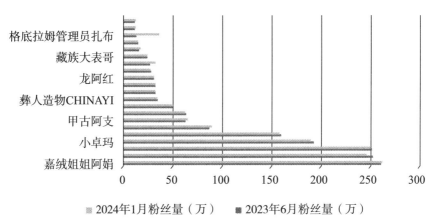

2024年1月粉丝量（万） ■ 2023年6月粉丝量（万）

图3 四川民族地区网络主播粉丝量变化趋势（2023.6—2024.1）

2. 素养不高的认同困境

尤其是凉山地区大量网络主播凭借"卖惨"、装穷博取同情的套路化内容生产模式，消费公众同情，带来了极为不良的社会舆情，严重抹黑当地人文形象。在四川民族地区网络主播的短视频作品中，大量以女性为展示对象，通过展示女主播的农耕生活，潜在地塑造了以女主播为代表的少数民族乡村女性肯吃苦、能干活的贤淑形象，与同样活跃于短视频平台中的城市网红之间形成强烈反差，凭借苦情，甚至乞讨式的自我剥削式场景呈现，满足与城市网红的差异化公众观看需求。纵观全国少数民族网络主播的短视频作品，四川大凉山地区的少数民族网络主播形成了一套具有地方特色的典型"苦情"叙事范式，并且这种苦情叙事可以通过将自我置于贫困甚至艰苦的生活环境中以博取观看公众同情与认同的底层叙事逻辑，从信息传播的效果层面来看，也不利于"美丽乡村"形象的塑造，甚至会反作用于乡村形象，这是与国家倡导的乡村振兴、巩固拓展脱贫攻坚成果的初衷相背离的。

3. 同质化引发的恶性竞争环境

主播之间同质化导致的恶性竞争，给乡村精神空间造成严重负面影响。四川民族地区网络主播的崛起有两种基本模式，一是运用短视频达成自主式记录日常生活，凭借独具特色的少数民族民俗文化生活和生态景观吸引关注，如凉山地区的网络主播"凉山孟阳""拉姆""吉克阿芮""小卓玛"等；二是由返乡人士或专门的 MCN 机构扶持、签约少数民族地区主播，通过较为完善的人物设定、场景设计和脚本策划，达成相对高品质的作品创作，如"阿布""卢阿英"等。然而，由于大部分自主自发拍摄短视频的少数民族地区网络主播文化程度不高，甚至不乏大量仍旧在完成初、高中学业的学生群体，他们的短视频创作动机往往是片面而单一的，如学生群体的创作动机更多基于一种展示自我、模仿偶像，甚至是一种较为虚幻的"网红"心理和成名想象，成人网络主播则多以养号为目标，即通过猎奇、新奇、具有流量效应的短视频拍摄集聚粉丝社群，积累媒介资本的同时促成产业资本的转化。而通过返乡群体或 MCN 机构包装的少数民族网络主播作品，虽然在拍摄质量和内容主题方面具有相对较好的标准，但仍无法脱离通过吸引公众眼球、达成注意力经济的粉丝集聚效应，以此满足乡村创业、乡村产业品牌化发展等乡村振兴的内涵要义。可见，无论怎样的动机，少数民族网络主播的创作本质动力均源于一种以成名想象为基础的流量经济模式认知，即拍摄内容完全取决于能否博得公众关注、获得平台推广并成功获得粉丝效应。在这种逐利动机的引导下，少数民族网络主播的内容更多表现为跟风模仿和过度的生活式表演，比如对一种偶然走红的短视频拍摄范式的群体模仿，加剧同质化内容生产之后的主播流量恶性竞争。

4. 主播过度商业化造成舆论反噬

由于短视频平台资本驱动的底层逻辑逐渐为公众所知晓，少数民族网络主播的短视频创作实践成为诸多网友眼中的成名工具。尤其是在少数民族地区这一相对经济不够发达、尚在探索产业振兴与转型升级的地域环境下，个体网红的数字实践在短视频商业化的流量裹挟下很容易被用户异化感知为成名或暴富的动机，因而极易让受众和粉丝产生对主播的误解乃至曲解。严重的情况可能摧毁少数民族网络主播塑造的淳朴人设，乃至影响少数民族地区形象的认知。"理塘丁真""小卓玛""迷藏卓玛"等流量主播无不受到潜在用户认知的影响，一方面使其在后流量短视频时代难以找寻到合适的内容转型与创新发展路径，也不敢轻易探索尝试转型；另一方面则面临两个充满壁垒的极端，或者走高度市场化的商业路线，却不得不被用户质疑其初心何在，或者坚守初心，却仍旧在粉丝的慢速流失中遭遇用户审美疲劳而被轻易取关。

5. 主播成名模式造成不良社会代际示范效应

少数民族网络主播的崛起有其特定的客观因素，如自然生态风貌和别具一格的民族生活习惯、衣着建筑文化等，当然也离不开对少数民族元素高度敏感并能够大胆尝试短视频拍摄制作的少数民族民众。这些因为短视频作品而活跃于网络社区，并且通过媒介资本的积累而逐渐建立起一定的社会资本的少数民族主播们，转而获得传统乡村意义上的乡贤地位——他们凭借掌握的媒介资本，可以为家乡农产品的推广销售贡献巨大的广告流量效应，甚至转而成为"老板"或经理，成为带动当地就业和农村电商产业的先进创业典型，虽然称不上一夜暴富，但从本质上来看，这些少数民族网络主播的成名更多不是借助自身的学识素养或特定技能，而是借势于短视频平台等媒介获得国家引导和资本化运营支持下的发展红利，为传统意义上的广大普通民众提供了展示自我、积累媒介—社会资本、打破收入差距、获得平等成就机会的机遇。然而，这种跨越传统成名认知和想象的短视频"红利"，从另一个角度来看，可能会形成对下一代年轻群体的人生观和价值观认知塑造的不良示范效应。尤其是媒体对少数民族网络主播以网络红人甚至网络名人和家乡代言人的明星身份加以包装、宣传，而忽略了知识素养、教育水平和技能专长在人生发展过程中的持续稳定动力，会给少数民族青少年造成一种错误的成名想象，即通过自我形象的包装，借助特定能够迎合公众关注流量的短视频内容，就能够获得特殊的身份地位，以及附属的财富与社会地位，必然会导致"读书无用论"的错误认知进一步在少数民族地区的扩散蔓延，造成少数民族地区青少年群体辍学、厌学情绪，转而钻研缺乏品质保证的流量短视频，或者尽心于对自我形象的包装上，将拍短视频、成为主播作为自我的出路乃至其梦想。"跳出一片未来"的凉山主播"鬼步舞 小哈哈"坐拥500余万粉丝，努力精进在镜头前展现的"鬼步舞"固然值得鼓励，但别有用心的场景设计、刻意的形象设定，这让很多凉山地区的青少年竞相模仿。而作为阿坝藏族羌族自治州文旅产业代言人的"丁真"的一夜成名，加之随后媒体过度关注其相貌、突出其网红身份而无意识遮蔽其内在文化素养的造星模式宣传则更加剧了少数民族地区青少年的不良偶像示范效应。

四、对策建议：四川民族地区主播助力乡村振兴方案

结合调研掌握情况，对当前四川民族地区网络主播数字劳动实践助力乡村振兴的影响力提升，推动包括民族地区在内的共同富裕，有以下建议。

（一）精准培育提升少数民族网络主播短视频创作的内生动力

寻求专业创作团队常态化打造主播的人格魅力，寻找符合用户感知和接受心理的人物性格品质。通过平台的标签或通过故事包装的主播人设，可视为最基本的人设设定，然而，如何将主播人设在时代发展和媒介技术演进中时刻保持更新与迭代，顺应以短视频为依托的媒介化社会的公众需求，成为短视频主播人设设定的进一步追求。如果说讲故事、设置标签

等方面打造的初级人设仅能形成一种较为类型化和第一印象的主播关注，那么日常的短视频创作，尤其是定期更新的短视频作品中从策划、选题到镜头等视听语言细节的呈现，都成为更为深刻塑造主播人设的重要手段。

1. 打造模式化高识别度风格

借助格式化和简单化的常态人设塑造方式，即通过同样的固定镜头、反复播放的音乐、类似的画面场景等方式，形成对某一主播创作类型的稳固风格。由于短视频作为娱乐工具，在一定程度上主要满足用户的娱乐化需求，因此简单化乃至重复的风格的作品形态虽然粗俗，但却因为调取占用的认知资源有限，能够满足部分用户轻松娱乐的需求，而受到一定的流量青睐。早期如"迷藏卓玛"，就是通过反复呈现的挖虫草的镜头和画面，成功塑造并建立了稳定且便于识别的少数民族主播身份；"小卓玛"通过固定＋中景／全景镜头，在几秒钟的时间内反复呈现女孩小卓玛在雪域高原、川藏草原等场景中无忧无虑嬉戏玩耍的神态，其重复化、简单化的信息传播给予了用户较强的治愈效果。

2. 培育典型主播人格特质

通过短视频日常选题的策划与创作，借助多元的视听话语，积累短视频主播的内在人格特征，进一步丰富并完善主播前期身份设定中更为深层次的性格、形象特征。作为更深层次的主播形象塑造，短视频的日常选题策划和创作，不同于格式化的视听表达所达成的主播身份塑造，在日常短视频创作中的选题、主播人物形象的视觉呈现、短视频叙事结构等诸多的副文本信息都构成了潜在的乃至无意识的主播形象塑造。如"格底拉姆管理员扎布"除了凭借帅气、淳朴以及公共职业化的藏族形象博得了一定的身份认同，常态化发布的短视频作品也持续强化了扎布作为保护藏区生态、带动旅游文化资源方面的公共身份形象，"带大家参观一下藏族人的家"等作品选题强化了扎布作为川藏格底拉姆地区主人翁的形象，同时也在推介、传承和传播藏族传统文化中，建立起热诚、积极的具有责任感的职业形象。"嘉绒姐姐阿娟"在日常创作中的选题策划也颇具典型性并呈现出了伴随短视频流量积累而形成的阶段性策划特征。早期阿娟的账号主要围绕藏族文化的展示，随着阿娟开发地方民俗产业和相关农特产品的带货之后，阿娟的作品策划主题涵盖了作为母亲的温柔形象，以及作为妻子的勤劳持家，还有与地区乡亲之间密切交流、带动地方致富的"乡贤"形象。正是基于这样的丰富立体的短视频选题策划，用户对阿娟有着较高的评价，如"最优秀的城里姑娘""了不起的阿娟""能干的女人""勤劳致富，不怕吃苦"等。

（二）积极鼓励多元主体参与，优化少数民族地区网络主播分布结构与创作品质

一方面，四川少数民族村镇的发展要想更好地借助并发挥短视频的赋能作用，离不开短视频的使用主体的广泛参与和积极探索。只有充分调动并发挥少数民族地区本地民众自觉使用短视频记录美好生活、展现乡村巨变等正能量影像的能力，才能够在注意力高度稀缺的当下，获得一定的流量关注并积累媒介资本，筑牢资本转化的根基；另一方面，短视频作品的质量在很大程度上与创作者的媒介素养和知识素养分不开，而当前四川民族地区地方民众受教育程度并不高、媒介素养存在一定短板的现状下，地方民众参与短视频生产，必然会存在作品质量和效果的限制。因此，有必要在拓展短视频地方主播或使用主体的基础上，纳入返乡青年、乡贤、政府部门相关领导和工作人员、地方艺术家等群体，充分发挥他们在各个领域的专业特长，为少数民族地区短视频创作提供更为多元立体的创新方案和思路设计，打破当前短视频中少数民族乡村叙事难逃穷、苦、难的创作困境，提升少数民族短视频创作的文化内涵、美学价值。如贵州省黔东南苗族侗族自治州黎平县尚重镇盖宝村纪委书记吴玉圣发现短视频平台的媒介潜力后，包装并打造了拥有百万粉丝的"侗族七仙女"少数民族短视频账号，甘孜州文旅局局长刘洪开设并亲自打造以自身为展示对象的短视频账号，调动并整合多元力量，成为展示当地民俗文化、自然风光的重要名

片，对推动当地文旅产业发展起到了不可忽视的作用。阿坝州政府部门、相关文旅单位主动参与策划并包装、打造"丁真"网红名片，取得良好的效果，但在后期如何维护网红形象、进一步挖掘并发挥少数民族网红的代言价值和示范效应，是当地相关部门的当务之急。

（三）合力助推顶流网络主播向公共服务者的身份转型

　　随着短视频主播们媒介资本的积累以及在线产业链平台的打造，短视频主播的身份由最初的内容生产者转变为服务供给者。涉及文旅为主体的短视频在提供旅游相关资讯、路线与住宿信息推广等方面发挥了重要作用，以"嘉绒姐姐阿娟"为代表，从最初的内容创作者到地方民俗产业链开发，在评论话语内容上，也由原来的私域话题发展为公共话题，比如咨询"几月份去风景最好""收费怎样""去四姑娘山会不会高反"等，或评价"民俗很热情""值得一去"等。还有"甘孜文旅刘洪"，在短视频内容上主要以展现甘孜美景、带动旅游等话题为主，凭借其作为局长的身份，评论区生态呈现出了更显著的公共服务性质：包括对当地旅游体验的评论如"离优秀的旅游城市还很远"，甚至针对遭遇的不良体验也在此形成了宣泄的舆论场——"请您管管这些无良商家""被坑了，如何维权"，还有人提出建议"宣传旅游还要管理环境"。相关评论话语充分彰显了该短视频平台在文旅内容生产之外的公共服务平台发展趋势。因此，有待于通过当地政府部门或村党支部牵头，联合搭建短视频平台运营部门、文旅各个项目规划部门、农产品销售与管理部门等，依托于网络主播的公共服务者形象认同、话语引导和行动感召力，做好以网络主播的短视频内容为展示窗口和引流渠道，集文旅资源开发、地方农特产品销售等多元新兴全链条服务体系。

（四）聚焦打造具有高识别度、强关联性的主播—产业链 IP

　　短视频作为一个平台化的媒介，其迥异于传统媒介的最大特点就是基于主播个体媒介而产生的个体资本—媒介资本—社会资本的转化机制，平台提供了个体借助于身份形象展示而附加的影响力，并为影响力的社会价值变现提供技术支撑。早期短视频作为内容创作媒介，主要是发挥短视频的内容生产作用，这一阶段的短视频发展主要借助网络主播具有创意化的内容生产达成巨大的流量效应；随着短视频用户增长量的持续稳步提升，短视频平台化的转型进一步提供了基于主播及其作品内容相关联的产业链属性，尤其是通过直播带货将内容生产中的主播影响力资本转化为用户的信任感，通过相关联的实物得以价值变现。在主播个体资本向媒介资本和社会资本转化的过程中，短视频的内容生产与主播的带货效果之间存在较为显著的匹配关联关系，网络主播的形象塑造有必要紧密围绕产业链的价值变现展开。

1. 提升主播的性别价值 IP 塑造与产业链匹配程度

根据目前对四川民族地区网络主播的短视频再现民族志调研发现，当前少数民族地区网络主播由于性别差异而呈现出了较强的内容风格特色，女性网络主播更偏向于通过作品的情感叙事来塑造精神形象，以此达成流量的忠诚度，并带动价值变现；而男主播则更偏向于凭借其外在形象、专业程度来赢得用户的青睐，在带货方面，对男主播的信任感、崇敬感和虚拟的亲密关系想象成为男主播价值变现的主要创作趋势。因此，进一步强化四川民族地区网络主播基于用户的性别消费想象而实现短视频资本变现的效率，是当前提升四川民族地区网络主播影响力的策略之一。

2. 挖掘主播的生态场景与用户消费意愿的关联角度

由于短视频用户的关注点普遍在于主播自身的身份和人格特质，短视频内容本身并不具备价值变现的功能，而只能通过与主播个体密切关联的附属价值带来变现的功能，对于少数民族＋乡村地区的网络主播来说，地方的农特产品虽然具有与主播身份匹配的必然性，但是因为当前乡村短视频作为农特产品带货平台被广泛运用，如何建立少数民族地区特有的、高度契合网络主播个人身份特质的带货效果，则有待于从主播、场景、产品之间谋划更为巧妙的关联。"洛桑与小志玛"主打父女亲情的创作题材，植入了采摘菌类、挖虫草等地方生活场景，因此在菌类、虫草的延伸产业链方面达成了良性的价值转化，而在突然售卖牛肉干时遭遇困境——牛肉干产品与洛桑短视频内容之间缺乏关联度，尤其是在常态化的日常创作中没有建立与牛肉干产品相关的认知线索，加之洛桑作为主播在创作中更多侧重于博取公众对其好父亲、好丈夫等男性身份特质的认知。可见，主播在日常创作中的身份形象塑造，尤其是与身份形象相关联的生态场景的相关建设，能够为带货产品提供良好的价值关联。简言之，主播如果仅仅侧重于自身的形象建设，在产品带货方面则存在一定的局限。尤其是少数民族地区的网络主播，更多地有待于借助所处的乡村民俗场景和生态空间，在赋能其身份建构的同时，也提供了带货产业链延伸的可能空间。作为少数民族地区网络主播，更应该区别于其他主播在颜值、时尚等方面的发展优势，致力于将自我形象身份的打造与地方乡土的生态和文化背景紧密关联，才能更好地撬动"短视频平台＋产业链"的带货能力。"嘉绒姐姐阿娟"在日常创作中嵌入正在建立的民宿产业，将短视频创作的场景扎根于民宿内部，甚至培育民俗产业链中的其他青年群体，书写他们的故事，均体现了将主播的身份建构与场景紧密关联，并带来良好的资本转化效力的案例。

3. 建立主播与地方乡土相关联的可转化价值 IP

媒介化社会中信息冗余给有机体带来认知资源的过度占用，使得有机体在流量媒介时代更加易于接纳具有"标出性"的信息形式。所谓"标出性"，也就是具有典型标识度、暗合有机体认知情感心理的符号或物象。一方面，此类"标出物"极易被受众识别，另一方面，有机体在识别"标出物"的过程中能够较好地节约认知资源，带来轻松愉悦的体验的同时，甚至产生使人上瘾的感知效果，继而有效促进认知—行为决策，触发强烈的行为意愿。此认知变革模式应用于当前短视频的平台产业发展中颇有借鉴和应用意义——短视频的内容生产作为调动并影响有机体感知的重要对象，其内容的"标出性"或易于识别与否，直接决定了受众能否产生持续的、上瘾的愉悦体验，进而决定了有机体行为决策效果，并最终决定是否将消费偏好转化为消费行为，也就是达成主播的价值变现。IP 培育作为一种易于识别并达成惯性感知和品牌忠诚度的符号化策略，目前已经被广泛应用于短视频内容生产领域。四川民族地区网络主播的 IP 化运作也已经初见成效，如"理塘丁真""甘孜文旅刘洪"等网红 IP，成为带动地方文旅产业、达成主播影响力变现效果的成功范例。不过，丁真的 IP 孵化主要侧重于其质朴纯真的外形外貌特征，但随着丁真名气的增长以及"草根明星"的 IP 孵化策略，却产生与其本身的淳朴特质相背离的时尚化、城市化明星形象，还招来一定的质疑批评，甚至存在"掉粉"等现象。因此，四川民族地区网络主播的 IP 孵化一方面固然需要借助其个体的身份特质，但更要强化其身份与当地的生态环境、乡村民俗文化的紧密结合，否则就会导致 IP 认知与受众偏好之间的背离。甘孜文旅局局长刘洪虽然因为其公职人员的身份遭遇质疑，但是其始终把自身 IP 的打造与地方文旅产业发展、甘孜州形象推广、乡村振兴等领域密切关联，即真正通过孵化自身为"乡村守护人"的形象，而产生了个体 IP 与更为潜在的公众感知偏好之间的共通性，成为具有持续增长潜力的 IP 符号。

五、研究不足与反思

短视频所代表的新兴媒介技术赋能乡村主体，凭借动态可视的内容创作达成乡村文化展示并形成一定的流量效应，进而为地方农特产品销售提供媒介和社会资本基础。短视频为载体所形成的基础设施辐射效应，也凭借民族地区乡村主播的数字劳动，达成了对传统乡村经济产业格局的变革调整，依托于短视频内容生产所形成的农产品销售、文旅资源效应，正赋予包括民族地区乡村在内的巨大动能从脱贫到共同富裕正成为现实景观，而从物质富裕达成精神文明，则同样有待于短视频媒介的技术—社会—产业协同价值的发挥。

四川民族地区网络主播助力乡村振兴的价值赋能与提升离不开以快手为代表的短视频平台诞生初期的乡村市场战略，并且伴随国家对乡村地区脱贫攻坚向乡村振兴和共同富裕的政策转变，快手等短视频平台持续推进孵化包括民族地区在内的乡村网络主播，发起"乡村带头人""乡村非遗传承人"等线上＋线下活动，充分发挥有潜力的乡村网络主播的社会知名度与媒介—社会影响力。

四川民族地区网络主播历经了短视频迅猛发展和普及的"红利期"，"迷藏卓玛""理塘丁真""甘孜文旅刘洪"等一大批民族主播充分发挥了短视频在展示民族地区风俗文化、销售农特产品、带动民族地区旅游产业发展等方面的可供性价值，而主播本身所积累的粉丝，也成为具有社会建设意义和协同治理价值的媒介—社会资本，成为新媒介技术所塑造的"新乡贤"，正发挥着乡村幸福带头人的号召力与影响力。当前四川民族地区网络主播呈现出量质齐升的态势，但多位主播依据流量和关注度呈现出典型的长尾效应，头部网络主播在带动乡村振兴、推动乡村区域产业结构转型变革方面发挥着更为显著的影响，但也不可否认大量尾部网络主播在扩展民族地区乡村形态、丰富呈现乡村振兴图景、提升乡村文化的网络曝光率方面的重要作用。

正因为媒介平台对于发挥民族地区网络主播乡村振兴的重要价值与其技术潜力，网络主播的数字劳动成效也在很大程度上建立于短视频平台技术发展的周期之中。短视频平台、技术发展周期等作为考量网络主播赋能乡村振兴的影响力的重要因素，不得不纳入考量。其中，自 2020 年短视频受众普及推广达到峰值，意味着短视频总流量趋于饱和，在受众基数保持稳定的前提下，如何获取更多的流量支持，预示着流量竞争由蓝海进入红海阶段。主播之间的流量竞争更为激烈，已经形成的民族地区网络主播长尾格局在短时间内不会产生变化，但从流量观察效果来看，此前已经奠定大流量基础的网络主播的粉丝量趋于平稳甚至一定程度缩减，而部分新兴的民族地区网络主播在粉丝增量方面难度增加，整体展现出受众对于民族地区网络主播内容的审美疲劳态势。四川民族地区网络主播内容生产亟待转型升级，在内容、品质、社群等方面探索更为新兴的创作模式，以应对流量红海竞争背景下短视频平台转型发展的新机遇和新动能。

此外，由于研究的周期所限，当前兴起的直播形态，以及直播与短视频内容、产品带货之间的交互联动关系等新兴的短视频平台发展模式，未能纳入本研究，作为一种不断转型和发展中的媒介技术平台，民族地区网络主播的数字劳动生产也有待于保持密切的技术关注和模式创新，直播技术、民族地区网络主播媒介资本与社会资本转换效果、民族地区网络主播应对审美疲劳的内容转型升级乃至智能技术赋能以及民族乡村地区网络主播内容转型等议题成为该研究有待继续拓展的方向。

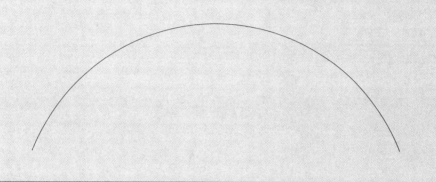

附　录

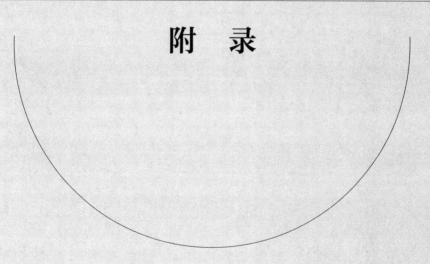

附录一："乡村振兴"影响力代表性主播作品
（以"理塘丁真"为例）

代表性作品 发布时间	作品标签	代表性评论话语	传播效果 （万）
2023.10.21	跟我一起去香格里拉寻找#住在高原的朋友，与"稀物集官方旗舰店"一起保护生物多样性#与珍稀 猴会有栖	感谢丁真，带火了理塘	点赞：3.1 评论：0.5984 转发：5757
2023.09.28	#电影永不失联的爱 你好，我是丁真，欢迎来美丽的甘孜跟我一起赛马	丁真出名后，我才知道有个理塘这么美，一定要去一趟	点赞：12.8 评论：1.8 转发：8.3
2023.07.26	开心就要喊出来#大有好奇心	目睹了马背上意气风发的你，看到理塘满大街的游客，你真棒	点赞：13.5 评论：1.6 转发：1.9
2023.07.21	7月23日上午8点半，来我直播间看赛马巡游。你们准备好了吗？	感恩你为藏族聚居区旅游业的付出，感恩你为藏族聚居区文化的输出	点赞：19.6 评论：2.6 转发：4
2023.07.18	#丁真刘堃新歌那束光为大运加油 《那束光》上线啦，我心中梦想的声音，希望你们都可以听见四川的美#成都大运会倒计时10天#听见大运	丁真呀，你是打开了人们了解、向往、奔向、依依不舍川西高原的那束光	点赞：2.6 评论：0.6211 转发：0.6884
2023.07.10	好久不见，7月11日下午19：00，来直播间聊天吧	带动家乡旅游业，做出贡献	点赞：16.1 评论：2.5 转发：6.4

续表

代表性作品发布时间	作品标签	代表性评论话语	传播效果（万）
2023.03.24	遇见家乡的人，就有穿藏袍、跳锅庄的冲动	藏袍真的好好看；他们的房子也好有特色，好好看，冬暖夏凉	点赞：64.4 评论：8.1 转发：35.1
2023.02.21	用这首爱与祥和的歌，祝大家新年快乐，德吉！＃边走边唱	他在家乡是发自内心的快乐；藏装最帅；民族风情比较纯净的版本；环境好纯净	点赞：8.5 评论：0.67 转发：0.62
2023.02.15	白云下行走＃边走边唱；"德吉"在我们藏语里是幸福的意思希望大家在新的一年都能幸福＃边走边唱	纯天然无公害没有世俗气真的好喜欢这种异域风情；这就是网红，藏族人的骄傲；我内心追求的自由纯净世外桃源；219国道绝美的风景真的治愈人心啊，差点就看哭了，白马少年在风景里，谢谢你带给我美好；几度被丁真眼里的虔诚感动落泪；因为你，我向往那片纯洁净土，有机会一定去一趟；丁真把流量都给了家乡，在环保、旅游以及藏文化传播中都做出了不小的影响力	点赞：11 评论：1.5 转发：1.8

续表

代表性作品 发布时间	作品标签	代表性评论话语	传播效果 （万）
2023.02.11	在这里，我听见和看见了很多秘密。#跟着丁真探乡村	期待丁真带来的奇幻之旅； 跟随丁真的脚步探寻大美甘孜； 阿坝和甘孜的自然风光真是太美啦； 这种风景光看就想热泪盈眶； 等我实现时间自由了，也去丁真家乡感受一下； 只有热爱川西的人才知道它的魅力所在	点赞：4.9 评论：1 转发：0.6432
2022.12.25	日光透过指缝，湖泊映出雪山的温柔	冬天的雪山，和天空下的温暖； 一定去一次理塘； 你的家乡和你一样美好	点赞：13.4 评论：2.8 转发：2.6
2022.12.12	高原的星总是那么亮，用vivo手机拍星辰的快乐，我忍不住分享给大家！	谢谢你跟我们分享家乡的美，真的很美很美； 看见丁真和他的理塘觉得世界真美啊； 你活的样子是我的梦想； 这是我们小时候的天空； 此生一定要穿一次藏族服装	点赞：13.2 评论：2 转发：1.7

续表

代表性作品 发布时间	作品标签	代表性评论话语	传播效果 （万）
2022.10.10	嗨！这里有一个理塘的秋天等你签收＃山水人间值得热爱	理塘金色的秋天； 看看火了，还介绍家乡的有几个	点赞：8.5 评论：2.1 转发：1
2022.07.09	最近真的太热了，有时间的话来高原避暑吧	此生不去一次理塘，估计会遗憾终生	点赞：26.8 评论：5.3 转发：3.8
2022.06.06	祝所有付出的人都得到满意的回报，相信自己无限极，高考加油＃2022高考必胜	哥们不费劲就住进了高楼； 不觉得讽刺吗？ 丁真助力高考，感动死了； 理塘教父	点赞：46.7 评论：3.1 转发：1.3

附录二：抖音、快手两大平台活跃的四川民族地区网络主播

表 1　抖音平台四川民族地区网络主播构成

主播名称	粉丝数量 / 点赞数 （万）	所属地域	作品题材	创立时间
理塘丁真	766/9256.3	甘孜	人物 + 生活	2020.11.21
嘉绒姐姐阿娟	262.2/4867.6	川西阿坝	剧情引流 + 民俗文旅	2017.10.23
甘孜文旅刘洪	253.4/4445.1	川藏甘孜	文旅宣传 + 公共服务	2021.4.11
卢阿英	252.4/3579.1	峨边	劳作 + 吃饭场景	2019.9.18
小卓玛	193.2/4479.2	川藏	女孩 + 生活场景	2020.4.23
扎根措	160.7/1797.3	川藏	音乐	2019.6.2
马良和甜真	87.7/1021.2	阿坝小金	生活剧情	2020.11.11
甲古阿支	64.1/1224.2	凉山昭觉	自拍 + 生活场景	2019.12.29
遇见娜姆	63.7/194	甘孜黑水	返乡剧情	2020.12.2
李阿力	50.1/478.3	凉山	生活场景	2023.7.23
彝人造物 CHINAYI	35.2/131	凉山	彝族服饰 + 人像艺术	2019.2.20
茂县格满初藏羌土特产店	33.3/346	茂县	日常生活 + 民俗	2018.8.25
羌妹子易川	33.2/87.4	川西甘孜	生活 + 带货	2018.9.22

续表

主播名称	粉丝数量／点赞数（万）	所属地域	作品题材	创立时间
龙阿红	32/318.8	凉山昭觉	日常生活	2019.11.3
凉山葡萄妹	28.5/300.9	大凉山	葡萄采摘	2018.8.29
阿来书房	27.3/28.3	川西	作家科普与荐书	2023.4.18
藏族大表哥	24.9/506.6	川西康巴	日常生活	2020.6.22
雪山下的卓玛	16.6/129.4	川藏	生活民俗	2022.12.9
凉山布西农副产品经营部布西山货	15.2/66.6	凉山	自拍＋唱歌	2023.7.23
格底拉姆管理员扎布	13.7/155.4	川藏甘孜	日常生活	2023.9.6
拉姆王	11.9/142.1	川藏甘孜	生活＋景观＋人物	2022.11.23
尔达 老表	11.9/160.4	凉山雷波	民俗生活	2018.5.31
卓玛藏地通	6.5/59.2	川藏	民俗文化＋知识科普	2022.5.22
阿坝西羌姐妹	4.1/27.4	阿坝西羌地区	带货为主	2021.1.27
Lhamo	4/237.6	凉山	记录阿七小朋友日常	2023.9.14
说川普的雷神王	2.7/14.4	川西	旅游博主	2020.6.23
妞妞合唱团	2.7/48.9	凉山普格	女声合唱团	2020.10.11
桑措	1.6/67	阿坝	女主播生活	2020.8.30
春回阿姐	1/15.7	川北羌寨	羌族阿姐日常	2022.12.11
仁木	0.59/11.4	北川羌寨	生活＋民俗	2019.11.23
乌撒和阿妈	0.55168/8.7	大凉山	婆孙日常生活	2022.7.15
火塘（峨边非遗）	0.318/5.1	峨边	非遗技艺	2020.6.11

表 2 快手平台上四川民族地区网络主播的分布现状

主播名称	影响力（粉丝等）	所属地域	作品题材	创立时间
鬼步舞 小哈哈	628.6/7401.3	大凉山	跳舞、搞笑	2020.3.30
火哈儿 小队	273/2023.1	大凉山	搞笑模仿	2018.11.9
彝娃·正华	230.7/1502.2	大凉山普格	兄弟唱歌、表演	2018.9.29
迷藏卓玛	215.4/1652.3	稻城亚丁	藏族生活	2017.7.4
吉克阿芮	202/876	大凉山	变装＋表演	2017
请叫我怪怪	157.3/3383	大凉山	生活搞笑	不详
彝宝	76.6/633.8	大凉山	女孩＋配音表演	2018.7.21
冷曲（凉山农村特产）	60.9/731.3	大凉山	彝族民俗文化	2020.2.7
鬼步舞 小伍	56.9/441.5	大凉山	舞蹈＋日常	2019.11.30
L 果果	55.7/835.6	小凉山	自拍＋日常	2016.12.9
木里扎拉	54.2/491.5	大凉山	日常	2019.3.16
火哈儿 妈妈	29.4/13	大凉山	生活＋恶搞	不详
鬼步舞 小拉拉	12.2/33	大凉山	跳舞	2023.7.25
阿依木果	10.3/74.7	凉山冕宁	彝族非遗文化	2019.11.9
马克森	7.6/43.3	大凉山	搞笑生活	2022.9.28
扎西娜姆	7.4/69.8	凉山木里	生活日常	2020.6.16
文忠老表	2.6/63.8	大凉山	乡村剧情	2021.5.26
依帅：正在努力	2/29.3	大凉山	舞蹈	2020.10.17
鬼步舞小浪	0.9475/11.6	大凉山	跳舞	2023.8.6
彝族文案馆	0.33/8.5	大凉山	彝族文化	2023.1.24

附录三：四川民族地区代表性网络主播
半年流量变动情况表
（2023 年 6 月—2024 年 1 月）

表3　抖音平台四川民族地区代表性网络主播粉丝量一览表

主播名称	所属区域	粉丝数/获赞（万）2023 年 6 月	粉丝数/获赞（万）2024 年 1 月	创立时间
理塘丁真	甘孜	766/9256.3	757.8/9304.6	2020.11.21
嘉绒姐姐阿娟	阿坝	262.2/4867.6	263.3/4966.6	2017.10.23
甘孜文旅刘洪	甘孜	253.4/4445.1	248.8/4469.2	2021.4.11
卢阿英	峨边	252.4/3579.1	252/3600.7	2019.9.18
小卓玛	川藏	193.2/4479.2	191.4/4527.9	2020.4.23
扎根措	川藏	160.7/1797.3	158.9/1837.9	2019.6.2
马良和甜真	阿坝	87.7/1021.2	89.6/1087.2	2020.11.11
甲古阿支	凉山	64.1/1224.2	66/1282.2	2019.12.29
遇见娜姆	甘孜	63.7/631.1	63.2/641.7	2020.12.2
李阿力	凉山	50.1/478.3	50.2/482.7	2023.7.23
彝人造物 CHINAYI	凉山	35.2/2015.3	34.9/2016.2	2019.2.20
茂县格满初藏羌土特产店	茂县	33.3/346	33.2/348.3	2018.8.25
羌妹子易川	甘孜	33.2/87.4	32.9/88.3	2018.9.22
龙阿红	大凉山	32/318.8	31.9/319	2019.11.3

主播名称	所属区域	粉丝数 / 获赞（万）2023 年 6 月	粉丝数 / 获赞（万）2024 年 1 月	创立时间
凉山葡萄妹	大凉山	28.5/300.9	28.3/302	2018.8.29
阿来书房	川西	27.3/28.3	33.6/40.7	2023.4.18
藏族大表哥	甘孜	24.9/506.6	24.9/522.2	2020.6.22
雪山下的卓玛	川藏	16.6/129.4	17.8/149.6	2022.12.9
凉山布西农副产品经营部布西山货	凉山	15.2/66.6	15.1/67.0	2023.7.23
格底拉姆管理员扎布	甘孜	13.7/155.4	36.4/411.4	2023.9.6
拉姆王	甘孜	11.9/142.1	12.9/166.9	2022.11.23
尔达 老表	大凉山	11.9/160.4	11.9/161.6	2018.5.31
卓玛藏地通	川藏	6.5/60.2	6.5/61.5	2022.5.22
阿坝西羌姐妹	阿坝	4.1/27.4	4.6/28.4	2021.1.27
Lhamo	大凉山	4/237.6	4.8/269.1	2023.9.14
说川普的雷神王	川西	2.7/14.4	4.0/21.6	2020.6.23
妞妞合唱团	大凉山	2.7/48.9	3.0/54.5	2020.10.11
桑措	阿坝	1.6/25.8	1.7/27.1	2020.8.30
春回阿姐	北川羌寨	1/15.7	1.1/17.7	2022.12.11
仁木	北川羌寨	0.59/11.4	0.60/11.9	2019.11.23
乌撒和阿妈	大凉山	0.55168/8.7	0.5153/9.0	2022.7.15
火塘	峨边	0.318/5.1	0.374/5.7	2020.6.11

表 4　快手平台四川民族地区代表性网络主播粉丝量一览表

主播名称	粉丝数／获赞（万）2023 年 6 月	粉丝数／获赞（万）2024 年 1 月	创立时间	所属地域
鬼步舞 小哈哈	628.6/7401.3	629.5/7675.0	2020.3.30	大凉山
火哈儿 小队	273.0/2023.1	274.0/2039.8	2018.11.9	大凉山
彝娃・正华	230.7/1502.2	229.6/1505.9	2018.9.29	大凉山
迷藏卓玛	215.4/1652.3	214.4/1667.7	2017.7.4	稻城亚丁
吉克阿芮	202/3487.2	200.1/3496.0	2017	大凉山
请叫我怪怪	157.3/1689.9	157.6/1702.6	不详	大凉山
彝宝	76.6/633.8	76.4/639.7	2018.7.21	大凉山
鬼步舞 小伍	56.9/441.5	56.4/443.4	2019.11.30	大凉山
L 果果	55.7/835.6	55.3/844.9	2016.12.9	小凉山
木里扎拉（金宝）	54.2/491.5	54.0/495.1	2019.3.16	大凉山
火哈儿 妈妈	29.4/190.4	32.4/194.7	2022.5.3	大凉山
鬼步舞 小拉拉	12.2/165.7	14.4/168.6	2023.7.25	大凉山
阿依木果	10.3/74.7	10.5/77.8	2019.11.9	凉山冕宁
马克森	7.6/43.3	7.7/56.3	2022.9.28	大凉山
扎西娜姆	7.4/69.8	7.3/70.7	2020.6.16	凉山木里
文忠老表	2.6/63.8	2.9/73.7	2021.5.26	大凉山
依帅：正在努力	2/29.3	2.2/33.8	2020.10.17	大凉山
鬼步舞小浪	0.9475/11.6	1.1/14.0	2023.8.6	大凉山
彝族文案馆	0.33/8.5	0.45/10.7	2023.1.24	大凉山

附录四：面向抖音、快手等短视频平台主播的采访提纲

1. 账号孵化情况

1.1 创办账号的时间。

1.2 每天拍摄的时间和耗费的成本。

1.3 开始考虑创办快手号 / 抖音号 / 视频号的原因。

1.4 拍摄的人员构成。

1.5 拍摄主题如何确定？是否研究过快手的推动算法规则？

2. 主播的自我塑造与认知

2.1 主播在短视频孵化中的作用？

2.2 短视频赋予主播的价值？

2.3 如何对待受众的关注与评价？

2.4 如何考虑对社群的维护？

2.5 讲述与用户互动中的一次经历？

3. 短视频账号运营与资本转化

3.1 是否考虑过联系专业团队进行合作？（比如 MCN 等）

3.2 短视频和带货盈利的收入情况？

3.3 与其他农户或政府合作情况？

3.4 对以后长远发展和事业变化的期望？

3.5 未来短视频创作和平台建设的打算。

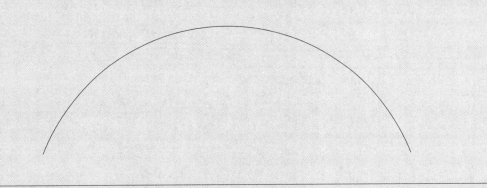

参考文献

一、国内文献

［1］费孝通.乡土中国·乡土重建［M］.北京：群言出版社，2016.

［2］杨宜音."自己人"：信任建构过程的个案研究［J］.社会学研究，1999（2）：38-52.

［3］陈向明.扎根理论的思路和方法［J］.教育研究与实验，1999（4）：58-63.

［4］彭兰.新媒体用户研究：节点化、媒介化、赛博格化的人［M］.北京：中国人民大学出版社，2020.

［5］勒庞.乌合之众：大众心理研究［M］.冯克利，译.北京：中央编译出版社，2000.

［6］波德里亚.消费社会［M］.刘成富，全志钢，译.南京：南京大学出版社，2001.

［7］帕森斯.社会行动的结构［M］.张明德，夏遇南，彭刚，译.南京：译林出版社，2003.

［8］赵延东，罗家德.如何测量社会资本：一个经验研究综述［J］.国外社会科学，2005（2）：18-24.

［9］伯格.观看之道［M］.戴行钺，译.桂林：广西师范大学出版社，2005.

［10］王维.关于长尾理论的冷思考：传媒产业中长尾理论应用现实［J］.新闻与写作，2007（9）：25-26.

［11］戈夫曼.日常生活中的自我呈现［M］.冯钢，译.北京：北京大学出版社，2008.

［12］特纳.人类情感：社会学的理论［M］.孙俊才，文军，译.北京：东方出版社，2009.

［13］余建华.网络乌合之众：一种社会心理学的分析［J］.当代青年研究，2009（2）：68-71.

［14］博伊姆.怀旧的未来［M］.杨德友，译.南京：译林出版社，2010.

［15］成伯清.情感的社会学意义［J］.山东社会科学，2013（3）：42-48.

［16］龚虹波.论"关系"网络中的社会资本：一个中西方社会网络比较分析的视角［J］.浙江社会科学，2013（12）：99-105.

［17］库尔德利.媒介、社会与世界：社会理论与数字媒介实践［M］.何道宽，译.上海：复旦大学出版社，2014.

［18］练宏.注意力分配：基于跨学科视角的理论述评［J］.社会学研究，2015，30（4）：215-241.

［19］刘鑫.非物质文化遗产的经济价值及其合理利用模式［J］.学习与实践，2017（1）：118-125.

［20］王红英.非物质文化遗产在乡村振兴中的多元价值［J］.人民论坛，2018（7）：136-137.

［21］韩少卿."戏精"：短视频狂欢的新身体叙事［J］.新闻爱好者，2018（10）：29-32.

［22］周勇，何天平."自主"的情境：直播与社会互动关系建构的当代再现——对梅罗维茨情境论的再审视［J］.国际新闻界，2018（12）：6-18.

［23］彭兰.连接与反连接：互联网法则的摇摆［J］.国际新闻界，2019（2）：20-37.

［24］刘楠，周小普.自我、异化与行动者网络：农民自媒体视觉生产的文化主体性［J］.现代传播（中国传媒大学学报），2019（7）：105-111.

［25］汪雅倩，杨莉明.短视频平台准社会交往影响因素模型：基于扎根理论的研究发现［J］.新闻记者，2019（11）：48-59.

［26］韩晓飞.长尾理论视域下内容型网红价值变现研究：以美食博主"李子柒"为例［J］.新媒体研究，2019（12）：95-97.

［27］桑子文，陶亚亚.李子柒 IP 运营的盈利模式研究：基于"配方式媒介"视角的分析［J］.山东大学学报（哲学社会科学版），2020（2）：40-48.

［28］曾一果，时静.从"情感按摩"到"情感结构"：现代性焦虑下的田园想象——以"李子柒短视频"为例［J］.福建师范大学学报（哲学社会科学版），2020（2）：122-130.

［29］李安，余俊雯.从生活展示到产业的转型：短视频在乡村振兴中的产业价值［J］.现代传播（中国传媒大学学报），2020（4）：134-139.

［30］彭兰.视频化生存：移动时代日常生活的媒介化［J］.中国编辑，2020（4）：34-40，53.

［31］曾国华.重复性、创造力与数字时代的情感结构：对短视频展演的"神经影像学"分析［J］.新闻与传播研究，2020（5）：41-59.

［32］张小强，李双.网红直播带货：身体、消费与媒介关系在技术平台的多维度重构［J］.新闻与写作，2020（6）：54-60.

［33］侯梦利，孙国君，董作军.一篇社会网络分析法的应用综述［J］.产业与科技论坛，2020，19（5）：90-93.

［34］刘娜，李小鹏.乡村原创短视频中身体呈现的文化阐释：以快手 APP 中代表性账号及其作品为例［J］.华中师范大学学报（人文社会科学版），2020，59（2）：78-84.

［35］祁志伟，雷霆.政府官员网络"直播带货"：贫困治理的一种实践方式［J］.中国行政管理，2021（7）：85-92.

［36］黄淼，黄佩.媒介可供性视角下短视频电商的实践特征［J］.编辑之友，2021（9）：47-53.

［37］李华胤，张海超.积极官员：基层官员直播带货的群体政治影像［J］.中南民族大学学报（人文社会科学版），2022，42（3）：92-100.

［38］王慧.短视频与直播赋能乡村振兴的内在逻辑与路径分析［J］.社会科学家，2021（10）：105-110.

［39］陈光.淘宝"村播计划"如何助力乡村经济振兴［J］.传媒，2022（1）：62-64.

［40］陈吉.身体、关系与场景叙事：短视频的女性参与和赋能策略［J］.现代传播（中国传媒大学学报），2022（2）：114-121.

［41］沙垚，李倩楠.重建在地团结：基于中部某贫困村乡村直播的田野调查［J］.新闻大学，2022（2）：84-96.

［42］于炬.2021年中国短视频行业发展报告［M］//胡正荣，黄楚新.新媒体蓝皮书：中国新媒体发展报告（第13辑）.北京：社会科学文献出版社，2022.

［43］滕朋，高天遥.作为政治沟通的"官员直播带货"的内涵与启示［J］.当代传播，2023（2）：66-68.

［44］汪卉卉，陈义平.官员"直播带货"：基层治理的一种创新实践［J］.西安建筑科技大学学报（社会科学版），2023，42（4）：59-66.

［45］黄楚新.2022年中国短视频发展报告［J］.人民论坛·学术前沿，2023（13）：78-85.

［46］周红莉.个体、关系与空间："三农"短视频中的身体叙事研究［J］.编辑之友，2023（10）：94-100.

［47］张秀丽，李开渝.从情感触发到共享触达：短视频讲好中国故事的情理融通研究［J］.中国编辑，2024（1）：38-43.

［48］刘瑞一.官员助农直播的经验沉淀与问题纠偏［J］.电子政务，2024（3）：117-124.

二、国外文献

[1] PORTES A. Social Capital: Its Origins and Applications in Modern Sociology [J/OL]. Annual Review of Sociology, 1998 (24): 1-24 [2013-08-11]. http://www.jstor.org/stable/223472.

[2] FEATHERSTONE M. Archiving cultures [J]. British Journal of Sociology, 2000, 51 (1): 161-184.

[3] DURLACH N, SLATER M. Presence in Shared Virtual Environments and Virtual Togetherness [J]. Presence: Teleoperators & Virtual Environments, 2000, 9 (2): 214-217.

[4] BAKER W E, FAULKNER R R. Social Networks and Loss of Capital [J]. Social Networks, 2004, 26 (2): 91-111.

[5] SHIFMAN L.Memes in a Digital World: Reconciling with a Conceptual Troublemaker [J]. Journal of Computer-Mediated Communication, 2013, 18 (3): 362-377.

[6] LUARN P, YANG J-C, CHIU Y-P.The network effect on information dissemination on social network sites [J].Computers in Human Behavior, 2014 (37): 1-8.

[7] XIANG L, ZHENG X B, ZHAO D T, et al.Exploring consumers' impulse buying behavior on social commerce platform: The role of parasocial interaction [J].International Journal of Information Management, 2016, 36 (3): 333-347.

[8] CHAN M.Mobile phones and the good life: Examining the relationships among mobile use, social capital and subjective well-being [J]. New Media & Society, 2015, 17 (1): 96-113.

[9] FERCHAUD A, GRZESLO J, ORME S, LAGROUE J. Parasocial

attributes and YouTube personalities：Exploring content trends across the most subscribed YouTube channels［J/OL］. Computers in Human Behavior，2017（80）：88-96［2017-10-25］. https://doi.org/10.1016/j.chb.2017.10.041.

［10］DJAFOROVA E，RUSHWORTH C.Exploring the credibility of online celebrities' Instagram profiles in influencing the purchase decisions of young female users［J/OL］. Computers in Human Behavior，2017（68）：1-7［2016-11-09］. http://dx.doi.org/10.1016/j.chb.2016.11.009.

三、电子文献

［1］黄书波.江西：乡村主播"活了"山里经济［EB/OL］.（2022-12-21）［2022-12-23］. https://baijiahao.baidu.com/s?id=1752798115820843570&wfr=spider&for=pc.

［2］中国新闻网.抖音乡村数据报告：过去一年，122万个村庄获35亿次［EB/OL］.（2022-02-14）［2022-05-10］. https://baijiahao.baidu.com/s?id=1724735460154325254&wfr=spider&for=pc.

［3］楼纯.《2022快手创作者生态报告》发布：快手创作者数量新增最多的两座城市是成都和重庆，北京和上海位居前十［EB/OL］.（2022-08-01）［2022-09-04］. https://baijiahao.baidu.com/s?id=1739961980292605692&wfr=spider&for=pc.

［4］牛谷月：2021快手创作者生态报告［EB/OL］.（2021-04-21）［2022-05-02］. https://tech.cnr.cn/techph/20210421/t20210421_525467729.shtml.

［5］快手大数据研究院.2023快手三农生态数据报告［R/OL］.（2023-10-27）［2023-10-30］. http://www.100ec.cn/detail--6633213.html.

［6］环球网.《2023快手直播生态报告》发布［EB/OL］.（2024-01-08）［2024-01-10］. https://3w.huanqiu.com/a/c36dc8/4G5ebJcVzYw.

［7］新华网.快手发布 2022 直播生态报告 构建多元内容，持续引领直播发展新趋势［EB/OL］.（2023-01-06）［2023-02-15］. http://www. xinhuanet.com/tech/20230106/c3c92254a9c94f429590c2c1bf07cbe0/c.html.

［8］新闻晨报.《2020 快手三农生态报告》发布："每两位农业创作者就有一位在快手获得收入"［EB/OL］.（2021-01-20）［2022-03-12］. https://baijiahao.baidu.com/s?id=1689378216887750595&wfr=spider&for=pc.

［9］行业报告数据库.2023 快手 CNY 用户数据洞察报告［EB/OL］. （2023-11-25）［2023-11-30］. https://baijiahao.baidu.com/s?id=17835276419 11452915&wfr=spider&for=pc.

［10］中国广视索福瑞媒介研究（CMS）.短视频用户价值研究报告 2022［EB/OL］.（2022-12-08）［2023-02-03］. https://www.csm.com.cn/ UpLoadFile/Files/2022/12/8/12702552be5d979-a.pdf.

［11］中国网络视听节目服务协会.中国网络视听发展研究报告（2023）［EB/OL］.（2023-03-30）［2023-04-05］. https://www.docin.com/p-4772626367.html.

［12］2020 年抖音 vs 快手深度复盘与前瞻［EB/OL］.（2020-05-21）［2022-06-02］. https://www.163.com/dy/article/FD6GVSOK0519D6G8.html.